DER KÜCHENPLANER

SUZANNE ARDLEY

DER KÜCHEN PLANER

AUGUSTUS

Die Deutsche Bibliothek – CIP-Einheitsaufnahme
Ein Titeldatensatz für diese Publikation ist bei Der Deutschen Bibliothek
erhältlich.

Die englische Originalausgabe erschien bei Mitchell Beazley, 2 – 4 Heron
Quays, Docklands, London E 14 4JB, unter dem Titel: The New Kitchen
Planner.

© 1999 Octopus Publishing Group Ltd.

Übersetzung: Wiebke Krabbe, Damlos
Lektorat der deutschen Ausgabe: Eva-Maria Müller, Margit Bogner
Herstellung und Umschlaglayout: Charmaine Müller
Bildredaktion: Alexandra Myers
Layout: Walton and Pringle

Augustus Verlag München 2000
© Weltbild Ratgeber Verlage GmbH & Co. KG.

Satz: Külen & Grosche, Augsburg
Reproduktion: Colourpath and Erayscan Pte. Ltd.
Druck und Bindung: Toppan Printing Co.

ISBN 3-8043-0842-2

Printed in China

INHALT

Einführung

Eine neue Küche ist oft – nach dem Haus selbst – die größte Investition. Schon darum will sie gut geplant sein. Dieses Buch soll Ihnen dabei helfen, aus Ideen praktische Lösungen zu entwickeln, die Ihren Bedürfnissen und Ihrem Lebensstil entsprechen.

1 Für umfangreiche Küchen ist ein großer Herd mit mehreren Backrohren, Kochplatten und Rosten Gold wert. Der Spritzschutz aus Edelstahl ist leicht zu reinigen, und die wichtigsten Kochutensilien hängen griffbereit an einer Leiste.

Küchen sind geschäftige Räume, hier herrscht immer Betrieb. Für viele Menschen ist die Küche der am meisten genutzte Raum des Hauses. Eine neue Küche muss vor allem so geplant sein, dass Sie Ihren individuellen Anforderungen gerecht wird. Der erste Schritt besteht also darin, sich Gedanken über die Bedürfnisse der Menschen zu machen, die sie nutzen. Eine Küche für Singles oder ein berufstätiges Paar wird sich von derjenigen einer Familie mit Kindern und Haustieren unterscheiden. Und auch wenn z. B. ein Familienmitglied körperlich in irgendeiner Weise beeinträchtigt ist, muss das berücksichtigt werden. Manchmal haben lockere Gespräche am Küchentisch und die einladende Atmosphäre für Gäste Priorität. Andernorts muss der Küchentisch für Hobbys und Hausaufgaben herhalten. So können die Eltern kochen und gleichzeitig ihre Kin-

der in sicherer Umgebung beaufsichtigen. Wenn es der Platz erlaubt, können Sie mit einem Sofa oder Sessel eine »Wohnecke« zum Spielen oder Fernsehen schaffen. Und wenn Sie Haustiere haben, brauchen auch diese einen Platz, wo sie in Ruhe fressen können, gleichzeitig aber im Umfeld nicht stören.

Das Potenzial des Raumes

Die einfachste und schnellste Lösung besteht darin, eine vorhandene Küche umzubauen. Oft setzt aber der Zuschnitt des Raumes enge Grenzen, oder die Lage von Fenstern, Türen oder Stufen passt nicht zum Einrichtungskonzept, das Ihnen vorschwebt. Nehmen Sie Ihre Küche gründlich unter die Lupe und überlegen Sie, welche Beziehung zu den anderen Räumen des Hauses besteht. Müssen Sie sich mit Ihren Einkäufen erst durch andere Räume oder über eine Treppe kämpfen, um in die Küche zu gelangen? Ist die Küche vom Essplatz getrennt, sodass weite Wege zurückzulegen sind und unnötig Platz verschenkt wird? Ist genug Stellfläche für die Geräte und Schränke vorhanden, die Sie unterbringen möchten? Ehe Sie den Umbau einer vorhandenen Küche angehen, sollten Sie auch andere Möglichkeiten in Betracht ziehen. Beispielsweise könnte ein Wanddurchbruch zu einem angrenzendem Raum ganz neue Perspektiven eröffnen.

Was könnten Sie verändern?

Notieren Sie sich zunächst alle Probleme, mit denen Sie regelmäßig in Ihrer Küche konfrontiert werden. Nehmen Sie außer Schränken, Arbeitsflächen, Fußboden und Farbgestaltung auch die Details unter die Lupe: Ist das Tageslicht ausrei-

2 Oberflächen aus Holz wirken warm und beruhigend und haben außerdem den Vorteil, dass sie durch den Gebrauch noch schöner werden. Mauern aus Glasbausteinen und Michglas-Schranktüren sorgen dafür, dass die Gesamtatmosphäre leicht und luftig bleibt.

PROFI-TIPPS

Steht Ihr Budget einmal fest, kalkulieren Sie, welcher Kostenaufwand für bauliche Veränderungen und handwerkliche Leistungen, z. B. von Elektrikern, Klempnern usw. veranschlagt werden muss. Überdenken Sie auch die folgenden Fragen:

- Benötigen Sie bei baulichen Veränderungen zur Planung die Hilfe eines Fachmanns, z. B. eines Architekten?
- Sind hierfür eventuell behördliche Genehmigungen erforderlich?
- Können Sie Vorbereitungen, z. B. den Ausbau von Schränken und Installationen, selbst durchführen?
- Haben Sie verschiedene Angebote von Elektrikern und Installateuren eingeholt, um sicherzugehen, dass die Kosten im Rahmen bleiben?
- Haben Sie Vorsorge getroffen, damit während des Umbaus in einem anderen Raum gekocht, gegessen oder gewaschen werden kann?
- Berücksichtigt Ihr Budget auch dekoratives Zubehör, wie z. B. neue Fensterjalousien?

3 Dieser frei stehende Tisch mit Schubladen für Messer und andere Gerätschaften bietet eine ideale Arbeitsfläche. In offenen Regalen ist alles übersichtlich und leicht zugänglich verstaut, die glatten Oberflächen lassen sich gut sauber halten.

siehe auch
Arbeitsbereiche 54
Geräte auswählen 70
Materialien 84
Schnelle Lösungen 98

4 Die Kombination von Arbeitsplatz und Wohnelementen macht es möglich, dass diese Küche zum Kochen, aber auch als Aufenthaltsraum genutzt werden kann. Mit dem Sofa wird völlig unkompliziert die Trennung zwischen beiden Bereichen erzielt.

5 Ausziehbare Fachböden und Schubladen erleichtern die Suche nach den benötigten Utensilien, weil hier für bessere Beleuchtung gesorgt ist. Vertiefungen in dem abgeschrägten Bord sorgen für eine sichere Aufbewahrung scharfer Küchenwerkzeuge.

6 Für den schnellen Imbiss zwischendurch oder das Frühstück ist diese Kombination aus Arbeitsfläche und Bar ideal.

Legende
Geräte
Bodenbelag
Möbel
Beleuchtung
Planung
Handwerker
Stauraum
Oberflächen
Fenster

chend und kann die elektrische Beleuchtung entsprechend angepasst werden? Ist das Spülbecken groß genug, und steht man auch während eines längeren Abwaschs bequem? Sind ausreichend Steckdosen und Wasseranschlüsse vorhanden? Könnten durch das Versetzen eines Fensters oder Heizkörpers Wandflächen frei werden, durch die Einrichtungsalternativen entstehen?

Maximale Raumnutzung

Platz ist das Schlüsselwort bei der Planung jeder Küche. Und durch Optimierung der Nutzung – unabhängig von der Größe des Raumes – wird das Arbeiten und Leben in der Küche erst zum Vergnügen. Bedenken Sie bei der Planung die wichtigsten Funktionen wie Kochen und Essen, aber auch andere Aktivitäten, die in Ihrer Küche stattfinden. Überlegen Sie, in welcher Beziehung die Küche mit andren Räumen steht und wie der Raum aufgeteilt werden kann, um verschiedene Aktivitäten sinnvoll miteinander zu verknüpfen. In Hinblick auf eine effiziente Nutzung sollten Sie auch die Zeit berücksichtigen, die Sie für Wege zwischen den einzelnen Bereichen benötigen. Schaffen Sie weder enge und verwinkelte Bereiche noch allzu großzügig bemessene Flächen, in denen lange Wege zurückzulegen sind. Kücheneinrichtung und -geräte müssen durchweg funktional und

leicht zu pflegen sein. Auf den folgenden Seiten finden Sie detaillierte Informationen zu den wichtigsten Ausstattungsfragen wie Schränke, Gerätschaften, Oberflächen und Funktionen, die es Ihnen erleichtern sollen, die für Sie optimale Einrichtung zu erzielen.

Bestandsaufnahme – Singles

Überlegen Sie, wie oft Sie kochen und wie häufig Sie Gäste haben. So passen Sie die Küche Ihrem Lebensstil an.

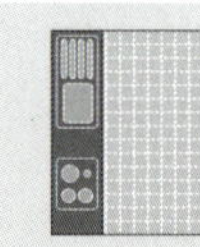

EINFACHE KÜCHENZEILE

DOPPELTE KÜCHENZEILE

Vorüberlegungen

Wenn Sie oft spät von der Arbeit nach Hause kommen, planen Sie Zeit sparende Küchengeräte ein. Haben Sie oft Gäste, sollte die Küche darauf eingerichtet sein.

Stauraum: Wenn Sie allein leben, aber gern mit frischen Zutaten kochen, sollten Sie am Ende der Küchenzeile einen hohen Kühlschrank einplanen. Auch die Arbeitsflächen müssen ausreichend bemessen werden.

Planung: Bei kleinen Appartements, in denen Küche und Wohnbereich in einem Raum liegen, sollten Sie überlegen, ob die Küche abgetrennt oder lieber offen bleiben soll, sodass Sie sich beim Kochen mit Ihren Gästen unterhalten können.

Planung: Sorgen Sie für Sitzgelegenheiten in der Küche, falls Sie oft Gäste haben. So sind Sie bei der Arbeit nicht allein. Eine Durchreiche zwischen Küche und Essbereich verringert lange Wege.

Stauraum: Für Single-Haushalte ist es oft wirtschaftlicher, haltbare Lebensmittel und Reinigungsmittel en gros einzukaufen. Wenn dies Ihre Einkaufsphilosophie ist, sollte ausreichend Schrankraum für Konserven und Putzutensilien eingeplant werden.

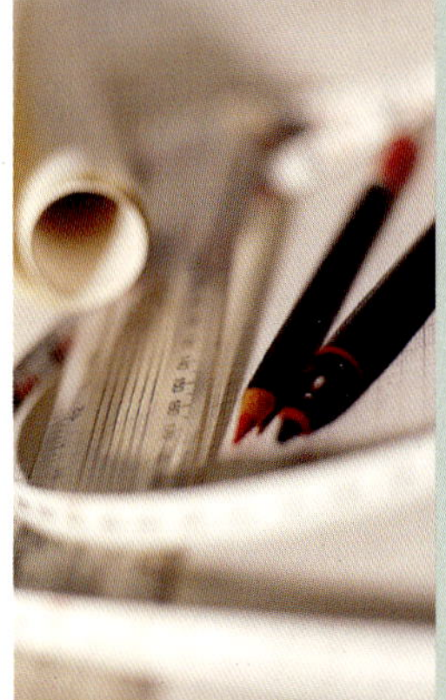

Planung

Um die Küche möglichst zweckmäßig einzurichten, überlegen Sie, welche Tätigkeiten Sie besonders häufig ausführen, und räumen diesen bei der Einrichtung Priorität ein.

Beleuchtung: Aus Gründen der Sicherheit sollten alle Arbeitsflächen gut beleuchtet sein – und zwar von vorne, damit Ihr Körper keinen Schatten wirft. Ist die Küche Teil des Wohnraums, sind Dimmer zu empfehlen, damit das Licht beim Essen gedämpft werden kann.

Stauraum: Als Single ist die Versuchung groß, allerlei Krimskrams auf den Arbeitsflächen liegen zu lassen. Gerade in kleinen Küchen fällt die Arbeit aber leichter, wenn die Arbeitsplatten frei bleiben.

Planung: Auch in einer zweizeiligen Küche muss so viel Platz vorhanden sein, dass sich die Türen von Schränken und Elektrogeräten vollständig öffnen lassen. Achten Sie darauf, dass Sie sich bücken können, ohne an den gegenüber liegenden Schränken anzustoßen.

Geräte: Wenn Sie vorwiegend schnelle Pfannengerichte zubereiten, empfiehlt es sich, den Herd an einer Außenwand zu installieren. So kann ohne lange Rohrführung ein Dunstabzug angebracht werden.

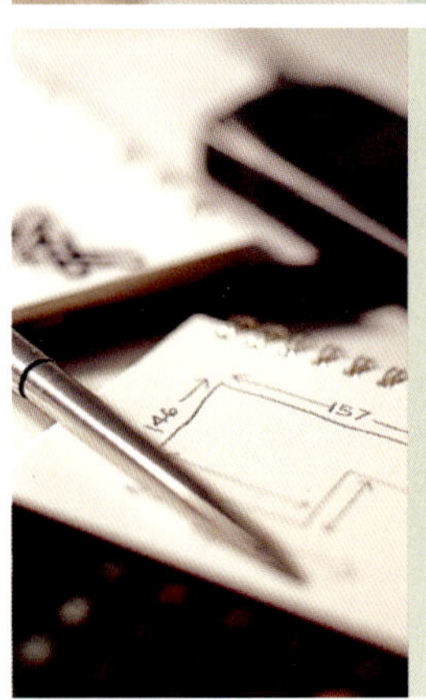

Arbeitsschritte

Steht die Aufteilung der Küche fest, planen Sie, in welcher Reihenfolge Elektro- und Installationsarbeiten, das Verlegen von Fußboden und Fliesen erfolgen sollen.

Handwerker: Während der Umbauarbeiten gibt es in der Küche weder Strom noch Wasser. Wenn Sie ein kleines Ein-Zimmer-Appartement bewohnen, sollten Sie diese Arbeiten während Ihres Urlaubs durchführen lassen oder für einige Tage zu Freunden ziehen.

Planung: Bevor die Wasseranschlüsse gemacht werden, sollten Sie entscheiden, ob Sie eine Spülmaschine integrieren wollen. Es gibt Kompaktmodelle für kleine Küchen, die auch für einen Ein-Personen-Haushalt praktisch sind.

Beleuchtung: Vor dem Einbau einer zweizeiligen Küche sollte der Elektriker auf beiden Seiten Kabel verlegen, damit beide Küchenzeilen ausreichend beleuchtet werden können.

Bodenbelag: Der Fußboden sollte vor dem Einbau der Schränke verlegt werden. In Single-Haushalten ist der Boden meist keiner allzu starken Beanspruchung ausgesetzt, darum dürfen Sie hier Ihrem Geschmack den Vorrang vor praktischen Erwägungen wie Haltbarkeit o. Ä. einräumen.

LEGENDE

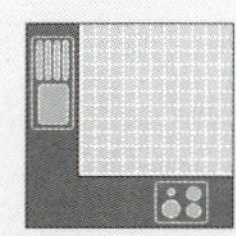

⊿ Planung	⬙ Handwerker	▤ Stauraum	⊞ Geräte	⬙ Kleingeräte
▥ Möbel	⬛ Oberflächen	◈ Bodenbelag	▦ Fenster	◪ Beleuchtung

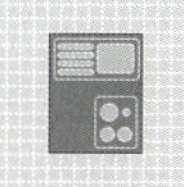

L-FORM

⊞ Geräte: Wenn Sie gerne Gäste haben, ist eine kleine Spülmaschine eine Überlegung wert. In L-förmigen Küchen ist hierfür genügend Platz unter der Arbeitsfläche vorhanden. Installieren Sie die Maschine in der Nähe des Spülbeckens, wo der Anschluss am einfachsten verlegt werden kann.

⊞ Geräte: Planen Sie Platz für ein Mikrowellengerät zum schnellen Erhitzen von Fertiggerichten ein. Praktisch ist auch ein Kombigerät aus Mikrowelle und Grill – der Platzbedarf bleibt derselbe.

◪ Beleuchtung: Singles können die Küchenbeleuchtung exakt auf ihre Körpergröße abstimmen. So fallen weder Schatten auf die Arbeitsflächen, noch werden Sie geblendet, wenn Sie von einem Bereich zum anderen wechseln.

▥ Möbel: Wenn Sie häufig telefonieren oder zu Hause arbeiten, sollten Sie in der Küche an Platz für ein Telefon plus Notizblock denken. So können Sie Gespräche entgegennehmen und Termine notieren und doch ein wachsames Auge auf den Herd haben.

◈ Bodenbelag: Für den Ess- oder Entspannungsbereich in einer L-förmigen Küche kommt auch ein weicher Teppich mit Anti-Rutsch-Belag auf der Rückseite in Frage. So können Sie auch einmal barfuß gehen oder sich zum Lesen und Fernsehen behaglich ausstrecken.

▥ Möbel: Mit dem Kauf der Möbel warten Sie am besten, bis die Küche komplett eingebaut ist. Als Single haben Sie die Möglichkeit, die Größe des Tisches exakt auf den Raum abzustimmen.

U-FORM

⊞ Geräte: Mikrowelle und Wasserkocher sind die am häufigsten benutzten Geräte in Single-Küchen. In einer U-förmigen Küche haben Sie genug Platz, um auch seltener gebrauchte Geräte aufzustellen, etwa einen Mixer, eine Kaffeemühle oder einen Toaster.

⬙ Kleingeräte: Wenn Sie gern Gäste haben, sollten Sie ein Schneidebrett kaufen, das über das Spülbecken gelegt werden kann. So müssen Gäste, die bei den Vorbereitungen helfen, nicht in den Ecken der U-Form arbeiten.

⬙ Handwerker: Weil der Aufwand geringer ist, werden Spülbecken gern an einer Außenwand und oft direkt unter dem Fenster installiert. Wenn Sie eine schöne Aussicht haben, sollten Sie hier lieber eine Frühstücksbar einplanen.

⬛ Oberflächen: Falls Sie keinen Küchentisch haben, sollte eine größere Freifläche zum Abstellen und Auspacken von Einkäufen eingeplant werden. Zumindest eine ununterbrochene Oberfläche ist für diesen Zweck wie zum Vorbereiten der Mahlzeiten zu empfehlen.

⬙ Handwerker: Ist genügend Platz für eine U-förmige Küche vorhanden, das Budget aber schmal, lassen sich Kosten beim Wasseranschluss sparen. Installieren Sie Spülbecken, Hauptwasserhahn, Geschirrspüler und Waschmaschine an einer Wand.

⬙ Handwerker: Wenn Sie ein Studio mit U-förmiger Küche bewohnen, die an beiden Seiten Fenster hat, sollten Sie den Einbau einer Fußbodenheizung erwägen. Dadurch sparen Sie den Platz für Heizkörper ein.

KÜCHENINSEL

⊿ Planung: Inseln sind praktisch für Singles mit großer Küche. Solche Inseln konzentrieren die Tätigkeiten auf den Bereich in der Mitte und sparen lange Wege in der Küche.

⊞ Geräte: Steht der Herd in der Mitte der Küche, müssen Sie beim Kochen nicht gegen eine Wand schauen, sondern haben freien Blick in den Raum.

⬙ Kleingeräte: In einem Hängeregal über der Kücheninsel werden Töpfe, Pfannen und andere Geräte griffbereit untergebracht.

▥ Möbel: Planen Sie eine Kücheninsel auf Rollen; so lässt sich Platz für einen größeren Esstisch schaffen, wenn Gäste kommen.

⬙ Handwerker: Wichtig ist, dass Sie Wasser-, Strom- oder Gasversorgung selbst abschalten können. Außerdem sollten alle Anschlüsse für Reparaturen leicht zugänglich sein.

⊞ Geräte: Installieren Sie über der Kücheninsel eine leistungsfähige Abzugshaube, um alle Essensgerüche absaugen zu können – vor allem, wenn Sie für Gäste kochen.

▥ Möbel: Frei stehende Kücheninseln mit Arbeitsflächen und Stauraum, aber ohne Herd oder Spülbecken, sind praktisch für Mietwohnungen, weil sie jeden Umzug mitmachen.

◈ Bodenbeläge: Wasserrohre und Stromleitungen für die Kücheninsel müssen unter dem Fußboden verlegt werden. Die Küche wird dadurch einige Tage außer Betrieb sein. Essen Sie in dieser Zeit außer Haus und planen Sie Auswärtstermine, wenn Sie zu Hause arbeiten.

Bestandsaufnahme – Paare

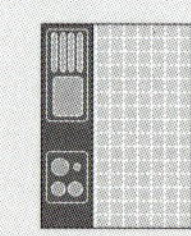 EINFACHE KÜCHENZEILE

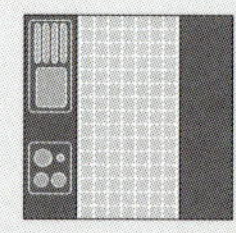 DOPPELTE KÜCHENZEILE

Vorüberlegungen

Überlegen Sie, wie oft Sie gemeinsam kochen und welche Art von Gerichten Sie bevorzugen. Und einigen Sie sich, ob Sie lieber gepflegt oder in zwangloser Atmosphäre essen.

Planung: Wenn zwei Menschen in einer Küche kochen, kreuzen sich die Wege zwangsläufig. Praktisch ist dann ein fahrbarer Arbeitstisch, der separat von den festen Arbeitsplatten genutzt werden kann.

Planung: Bedenken Sie, dass unterschiedlichen Körpergrößen auch die Höhe der jeweiligen Arbeitsflächen angepasst werden sollte.

Möbel: Wenn Sie gemeinsam in der Küche essen, ist eine ausziehbare Tischplatte praktisch, an der zwei Personen bequem sitzen können.

Planung: In einer zweizeiligen Küche fällt das gemeinsame Kochen leichter – vorausgesetzt, die Arbeit wird sinnvoll geteilt. So kann z. B. ein Partner die Vorbereitungen übernehmen, während der andere am Herd steht.

Planung: Vermeiden Sie, Rücken an Rücken zu stehen oder sich gegenseitig zu behindern, indem Sie wichtige Utensilien immer in der Nähe des hierfür vorgesehenen Gerätes oder Arbeitsplatzes aufbewahren. Eine überlegte Aufteilung ist entscheidend.

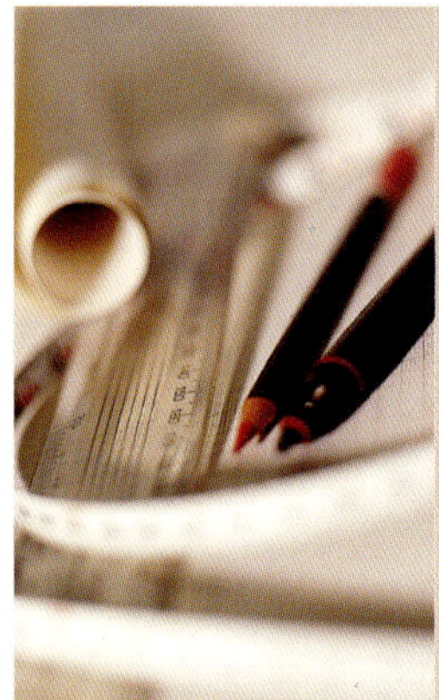

Planung

Zwei Menschen können ganz verschiedene Arbeitsweisen haben. Stellen Sie eine Liste persönlicher Vorlieben zusammen und versuchen Sie, eine flexible Kücheneinrichtung zu planen.

Handwerker: Sorgen Sie für reichlich Steckdosen, damit beide Partner gleichzeitig Elektrogeräte benutzen können.

Planung: Ein Spülbecken mit einem kleineren Extrabecken zum Waschen von Zutaten ist praktisch, weil damit die Hauptspüle nicht blockiert wird.

Geräte: Mit einer für beide Partner erreichbaren Mikrowelle in Augenhöhe, z. B. in einem speziellen Einbaufach, sorgen Sie dafür, dass die Arbeitsflächen frei bleiben.

Möbel: Eine auszieh- und höhenverstellbare Tischplatte, die als Arbeitsfläche oder Esstisch genutzt werden kann, ist eine praktische Lösung in einer zweizeiligen Küche. Ideal sind Platten, die man nach Gebrauch in eine Nische zwischen den Unterschränken zurückschieben kann.

Planung: Wenn zwei Personen gleichzeitig in einer zweizeiligen Küche arbeiten, kann ein doppeltes Spülbecken sinnvoll sein. So kann gleichzeitig Gemüse gewaschen und abgespült werden.

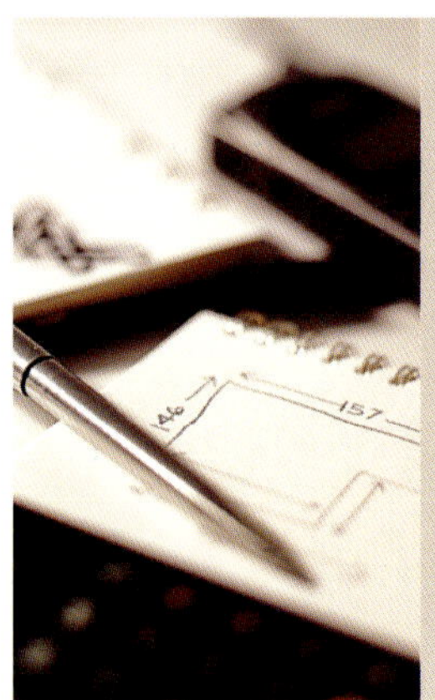

Arbeitsschritte

Entwickeln Sie einen genauen Arbeitsplan zum Einbau der Küche. Bleistift und Papier und auch ein Taschenrechner zur Berechnung der Arbeits- und Materialkosten gehören dazu.

Möbel: Wenn Sie einen Essplatz in Höhe der Arbeitsplatten eingeplant haben, sollten Sie erst nach dem Einbau passende Stühle oder Hocker aussuchen, damit auch wirklich beide Partner bequem sitzen können.

Fenster: Wählen Sie eine Fensterdekoration, die einfach von beiden Partnern zu bedienen ist, z. B. schlichte Jalousien oder Rollos. So vermeiden Sie unnötiges Recken und Strecken und Stühle Besteigen – was in der Küche gefährlich sein kann.

Bodenbelag: Holz-, Stein- oder Fliesenböden sollten auch unter den Schränken verlegt werden. Wegen der Dicke des Materials können andernfalls leicht gefährliche Ecken und Kanten entstehen. Außerdem lässt sich auf diese Weise die Höhe der Arbeitsflächen genau auf beide Partner abstimmen.

Planung: In der Küchentür sollten Sie Glas einsetzen lassen. Das reduziert die Unfallgefahr beim Öffnen und Schließen, weil Personen, die im Weg stehen, sichtbar sind.

LEGENDE

| Planung | Handwerker | Stauraum | Geräte | Kleingeräte |
| Möbel | Oberflächen | Bodenbelag | Fenster | Beleuchtung |

 **L-FORM**

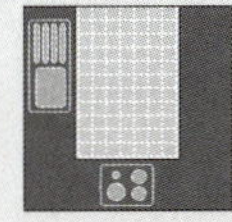 **U-FORM**

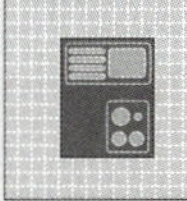 **KÜCHENINSEL**

L-FORM

Möbel: In L-förmigen Küchen lässt sich ideal ein Sitz- und Entspannungsbereich integrieren. So können beide Partner gemeinsam kochen oder sich zumindest aus nur geringer Distanz unterhalten.

Oberflächen: L-förmige Küchen bieten zwischen den Großgeräten reichlich Platz auf den Arbeitsplatten, vor allem in den Ecken. Berufstätige Paare sollten pflegeleichte Oberflächen wählen, damit weniger Zeit für das Putzen verwendet werden muss.

Stauraum: Wenn Sie und Ihr Partner gerne einen kleinen Weinvorrat in der Küche haben, bietet sich der oft schwierig zu nutzende Raum in der Ecke der Küchenzeile für ein Flaschenregal an.

Bodenbelag: Um die Geräuschkulisse bei der großen Bodenfläche einer L-förmigen Küche niedrig zu halten, empfiehlt es sich, einen weichen Bodenbelag zu wählen, der den Trittschall dämpft, z. B. Linoleum. Das macht sich vor allem bemerkbar, wenn Küchengeräte in Betrieb sind.

Planung: Der Einbau einer L-förmigen Küche kann recht aufwändig sein. Wenn einer der Partner frei nehmen muss, um die Arbeiten zu überwachen, vereinbaren Sie mit den Handwerkern einen verbindlichen Übergabetermin.

Beleuchtung: Ist der Tisch an seinem Platz, sorgen Sie für sanfte Beleuchtung während der Mahlzeiten, aber auch für gutes Arbeitslicht, damit er als Arbeitsfläche genutzt werden kann. Eine höhenverstellbare Hängelampe mit Dimmer bietet diese Vorteile.

U-FORM

Stauraum: Sorgen Sie dafür, dass beide Partner auch schwere Gegenstände in den tiefen Ecken der Einbauschränke problemlos bewegen können. Bei geringer Körpergröße eines Partners empfiehlt es sich, in höheren Schränken einen Tritt anzubringen.

Kleingeräte: Wenn Sie oder Ihr Partner Unterhaltung in der Küche schätzen, ist eine Wandkonsole für Fernsehapparat oder Stereoanlage sinnvoll. Auch in den tiefen Ecken der U-förmigen Küche lässt sich ein Fernseher ideal unterbringen.

Planung: Ist außerhalb der Küche kein Essplatz vorgesehen, befestigen Sie an einer Wand einen Klapptisch und sorgen für Stühle, sodass zwei oder vier Personen bequem sitzen können.

Handwerker: Ein Warmwasserboiler ist nützlich, denn er reduziert den Energieverbrauch.

Oberflächen: Wenn beide Partner berufstätig sind, sollten Sie sich für pflegeleichte Oberflächen und einen robusten Bodenbelag entscheiden.

Oberflächen: In einer U-förmigen Küche bleiben nur relativ kleine Wandflächen frei: der Bereich zwischen Unter- und Oberschränken sowie der Streifen darüber bis zur Decke. Wenn Sie trotzdem eine möglichst leichte und luftige Raumwirkung erzielen wollen, sollten Sie diese Fläche in einer hellen Farbe streichen.

Möbel: Sorgen Sie dafür, dass sich vor allem in einer kleinen U-förmigen Küche die Tür nach außen öffnet. Sonst besteht die Gefahr, eine Person, die in der Küche beschäftigt ist, zu verletzen.

KÜCHENINSEL

Planung: Entscheiden Sie zuerst, ob die Kücheninsel für die Vorbereitungen zum Kochen oder zum Essen dienen soll. Planen Sie Stauraum für Geschirr, Gläser und Besteck so, dass während des Kochens keine Störungen eintreten und Sie sich nicht unterbrechen müssen.

Geräte: Falls eine Spül- oder Küchenmaschine in die Insel integriert werden soll, sollten Sie ein Gerät mit geringer Lärmentwicklung und guter Schallisolierung wählen, damit Mahlzeiten und Gespräche nicht gestört werden.

Kleingeräte: Eine niedrigere Arbeitsfläche mit ausreichend Steckdosen innerhalb der Insel ermöglicht es, dass ein Partner in diesem separaten Bereich Mixer, Zerkleinerer oder eine Küchenmaschine benutzen kann. Unter der Arbeitsplatte lassen sich die entsprechenden Geräte verstauen.

Oberflächen: Weil unterschiedlichste Tätigkeiten auf der Kücheninsel ausgeführt werden, sollten die Arbeitsflächen in Hinblick auf Hitze, Kratzer und Spritzer unempfindlich sein.

Handwerker: Vorrichtungen, die Kochdünste nach unten absaugen, haben häufig nur eine beschränkte Leistung. Von einer festen Haube über der Insel muss ein Entlüftungsrohr zu einer Außenwand geführt werden, das vor den übrigen Einbauten zu installieren ist.

Beleuchtung: In großen Küchen sollten Sie sowohl an der Tür als auch an der Insel eine Wechselschaltung installieren, damit beide Personen von verschiedenen Stellen im Raum aus die Lichtschalter bedienen können.

Bestandsaufnahme – Familien

Eine Familienküche will gut durchdacht sein, weil sie für Freizeitbeschäftigungen ebenso genutzt wird wie zum Kochen und Essen.

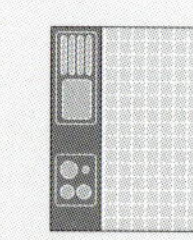 EINFACHE KÜCHENZEILE

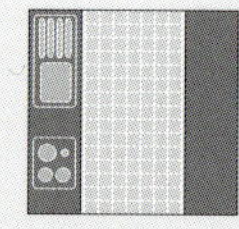 DOPPELTE KÜCHENZEILE

Vorüberlegungen

Die Küche als Zentrum des Familienlebens ist oft ein Vielzweckraum, der ebenso zum Essen und Kochen genutzt wird wie für Hausaufgaben und Hobbys.

Möbel: In einzeiligen Küchen ist meist kein Platz für einen festen Tisch vorhanden. Eine ausziehbare Tischplatte ist nützlich – vorausgesetzt, der Abstand zu heißen Flächen ist ausreichend bemessen.

Planung: Familien produzieren viel Abfall, der in einer kleinen Küche wertvollen Raum beansprucht. Kompostieren Sie organische Abfälle für den Garten und suchen Sie nach geeigneten Möglichkeiten für eine Reduktion des Mülls.

Stauraum: Doppelte Küchenzeilen bieten mehr Stauraum als einfache. Sorgen Sie dafür, dass alle Familienmitglieder wissen, wo die Putzmittel verstaut sind, damit Missgeschicke selbstständig behoben werden können.

Geräte: Die Spülmaschine und die Behältnisse für den Müll sollten in derselben Zeile untergebracht sein, damit Familienmitglieder beim Abräumen problemlos Speisereste beseitigen können, bevor sie die Teller in die Spülmaschine geben.

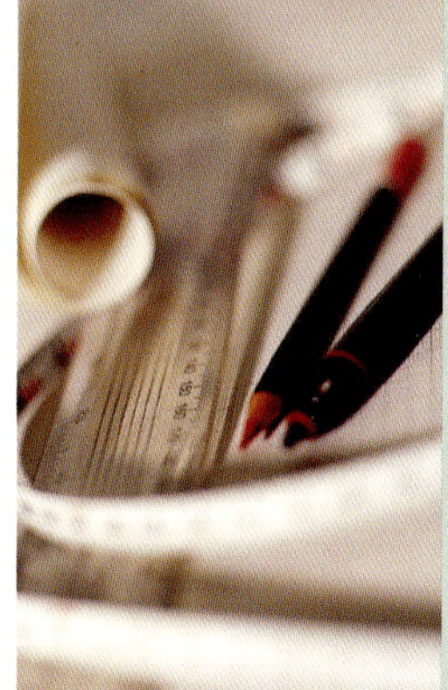

Planung

Familienküchen werden stark beansprucht, vor allem, wenn wenig Platz zur Verfügung steht. Wählen Sie hochwertige Materialien und eine stabile, langlebige Einrichtung.

Planung: In einzeiligen Küchen kann aus Platzgründen immer nur ein Familienmitglied arbeiten. Wenn Mikrowelle und Kühlschrank am Eingang aufgestellt werden, können Kinder sich Getränke holen oder kleine Mahlzeiten erhitzen, ohne zu stören.

Planung: Optimieren Sie das geringe Platzangebot durch deckenhohe Schränke und kompakte Geräte. Ein passendes Brett, das über das Spülbecken gelegt wird, schafft zusätzliche Arbeitsfläche.

Planung: Ist die Küche von beiden Seiten zugänglich, sollten Sie es aus Gründen der Sicherheit in Erwägung ziehen, einen Eingang zu sperren, damit Kinder die Küche nicht als Durchgang oder Rennbahn benutzen können.

Stauraum: In zweizeiligen Küchen ist kaum Platz für einen Esstisch vorhanden. Werden Geschirr, Besteck und Gläser leicht erreichbar in Unterschränken aufbewahrt, können auch Kinder ab einem bestimmten Alter den Tisch decken.

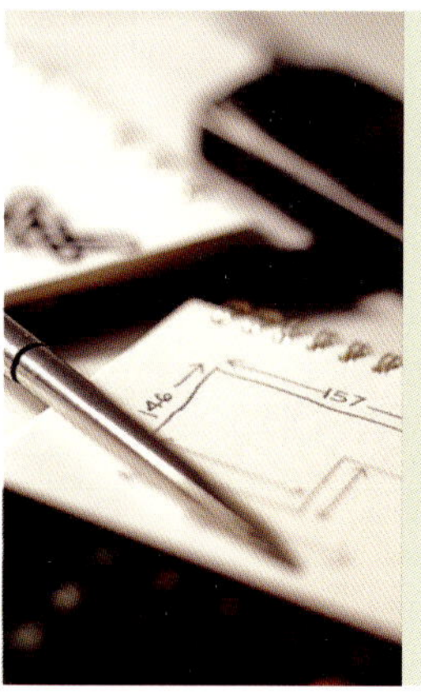

Arbeitsschritte

Küchen können für Kinder viele Gefahren bergen. Sorgen Sie während der Umbauphase wie bei der täglichen Nutzung vor allem für Sicherheit.

Planung: Planen Sie beim Umbau eventuell eine Durchreiche ins angrenzende Wohn- oder Esszimmer. Das spart Wege beim Decken des Tisches, außerdem können Sie auch von der Küche aus die Kinder beaufsichtigen.

Geräte: Weil in einzeiligen Küchen der Platz beschränkt ist, sollten Mikrowelle und Kühlschrank während der Umbauarbeiten in einem anderen Raum untergebracht werden, damit die Versorgung provisorisch weitergeführt werden kann.

Handwerker: Um in einer zweizeiligen Küche die Arbeitsflächen frei zu halten, sollten Sie beim Wasseranschluss ein Filtersystem mit einbauen lassen. Gefiltertes Wasser verbessert den Geschmack der Speisen.

Bodenbelag: Obwohl Naturstein teuer ist, wird dies bei der schmalen Bodenfläche der zweizeiligen Küche erschwinglich. Die Platten dürfen nach dem Verlegen mindestens 24 Stunden nicht betreten werden. Planen Sie also für diese Zeit das Essen außer Haus.

LEGENDE

- Planung
- Möbel
- Handwerker
- Oberflächen
- Stauraum
- Bodenbelag
- Geräte
- Fenster
- Kleingeräte
- Beleuchtung

L-FORM

Planung: Solche Küchen sind für Familien praktisch, weil sie sich leicht in Arbeits- und Essbereich unterteilen lassen. An einer Seite des Raumes wird das Essen zubereitet, während die Kinder am Tisch sitzen und dabei auch beaufsichtigt werden können.

Planung: In einer L-förmigen Küche können mehrere Familienmitglieder gleichzeitig arbeiten, sofern Spülbecken und Arbeitsflächen nicht in derselben Zeile liegen wie der Herd und sofern ausreichend Freiflächen vorhanden sind.

Planung: Falls Ihnen ein großer Raum zur Verfügung steht, sollten Sie zusätzlich eine separate Kücheninsel für Vorbereitungen und kleine Mahlzeiten in Erwägung ziehen. So können größere Kinder selbst ihren Imbiss zubereiten und nachher problemlos aufräumen.

Stauraum: Kinderspielzeug auf der großen Bodenfläche einer L-förmigen Küche kann zu Unfällen führen. Planen Sie dafür eine ausziehbare Schublade oder Kiste in der Küche ein, damit schnell Ordnung geschaffen werden kann.

Oberflächen: Wenn Ihre L-förmige Küche in einen anderen Raum übergeht, sollten alle Ecken der Arbeitsflächen abgerundet sein, damit Kleinkinder sich nicht verletzen.

Möbel: Ist Ihre L-förmige Küche Teil eines Wohnraums, sollten Sie Möbel bis zum Abschluss der Arbeiten mit Schutzbezügen oder alten Laken abdecken, um sie vor Staub und Farbspritzern zu schützen.

U-FORM

Planung: Wenn in die Ecken der Küche auch untertags kaum Licht fällt, sollten Sie helle Schrankfronten wählen, die möglichst viel Licht reflektieren. In Familienküchen sind robuste Oberflächen wichtig, die das häufige Entfernen von Fingerabdrücken und Flecken verkraften.

Stauraum: In U-förmigen Küchen ist häufig auch Platz für Hochschränke. Bewahren Sie dort eine kleine Leiter auf, damit Kinder sich vor dem Essen am Spülbecken die Hände waschen können.

Stauraum: Für haltbare Lebensmittel sind ausziehbare Vorratsschränke praktisch. So haben auch kleinere Kinder leicht Zugang zu den Vorräten. Häufig gebrauchte Lebensmittel gehören nicht in die hintersten Ecken des Vorratsschranks.

Planung: Ist ein Schenkel der U-förmigen Küche verlängert, könnten Sie an dieser Arbeitsfläche eine Bar mit Hockern für das Frühstück oder kleine Mahlzeiten einrichten. So kommt es im übrigen Raum nicht zu Störungen.

Planung: Der Umbau einer Familienküche sorgt für erhebliche Unterbrechungen im Tagesablauf. Verstauen Sie alle Küchengeräte an einem staubfreien Ort und versuchen Sie, Kühlschrank und Mikrowelle in Betrieb zu halten.

Bodenbelag: U-förmige Küchen haben meist weniger Bodenfläche als L-förmige oder Kücheninseln. Das relativiert die Kosten von teuren Bodenbelägen, wie z. B. Naturstein. Nach dem Verlegen darf die Küche 24 bis 48 Stunden lang nicht betreten werden.

KÜCHENINSEL

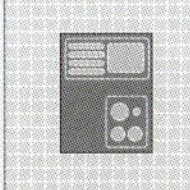

Planung: Alle Familienmitglieder sollten sich ungehindert um die Insel bewegen können. Bauen Sie aus Sicherheitsgründen Arbeitsplatten mit abgerundeten Ecken und Kanten ein – vor allem, wenn sie in Kopfhöhe von Kindern liegen.

Planung: Ist der Herd in die Insel integriert, müssen Sie für sehr guten Spritzschutz rund um die Kochfläche sorgen. Sonst besteht die Gefahr, dass Kinder, die sich in der Nähe aufhalten, durch heiße Fett- oder Wasserspritzer verletzt werden.

Planung: Eine Insel bietet sich auch als Essplatz für ein schnelles Frühstück oder das Mittagessen der Kinder nach der Schule an. Achten Sie auf die richtige Höhe der Stühle oder Hocker, damit auch Kinder sicher und bequem sitzen.

Geräte: Große Familien benötigen einen großen Kühlschrank. Sorgen Sie dafür, dass zwischen Kücheninsel und Kühlschrank so viel Platz vorhanden ist, dass sich die Kühlschranktüren ganz öffnen lassen.

Bodenbelag: Denken Sie daran, dass beim Einbau eines Absaugsystems nach unten der Fußboden aufgebrochen werden muss. Eine große Abzugshaube über der Kücheninsel ist zwar optisch weniger befriedigend, bedeutet aber erheblich geringeren baulichen Aufwand.

Handwerker: Wenn in die Kücheninsel Kochfeld und Spülbecken integriert werden sollen, müssen die entsprechenden Zuleitungen im Fußboden verlegt werden, bevor die Insel installiert wird. Das kann ziemlich teuer werden.

Spezielle Anforderungen

Sicherheit und Zugänglichkeit sind die Schlüsselfaktoren bei einer Küche für Menschen mit körperlicher Beeinträchtigung.

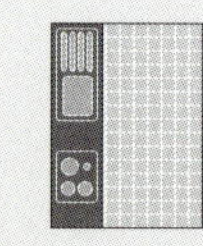 KLEINE KÜCHEN

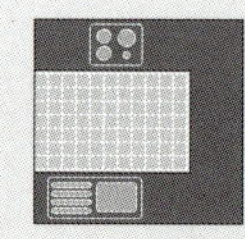 GROSSE KÜCHEN

Vorüberlegungen

Stecken Sie die spezifischen Bedürfnisse der Person ab, die die Küche benutzen wird. Insbesondere Behinderungen oder Sehschwäche müssen berücksichtigt werden.

Planung: Sorgen Sie in schmalen Küchen dafür, dass auch dann noch genügend Platz für einen Rollstuhl vorhanden ist, wenn die Türen von Schränken oder Elektrogeräten offen sind.

Oberflächen: Ist der Benutzer sehbehindert, können farbige Oberflächen und Griffe eine große Hilfe sein.

Geräte: Wählen Sie Geräte – vor allem Kochfelder und Herde – mit gut gekennzeichneten und leicht zu bedienenden Funktionselementen.

Geräte: Für einen körperbehinderten Erwachsenen kann eine große Küche problematisch sein. Ordnen Sie die wichtigsten Elemente als praktisches Arbeitsdreieck an. Der übrige Platz kann als Stauraum für seltener benutzte Gegenstände genutzt werden.

Möbel: In einem großen Raum findet immer ein Tisch Platz. Die Höhe sollte für einen Rollstuhl geeignet sein. Besonders günstig sind Modelle mit Mittelfuß.

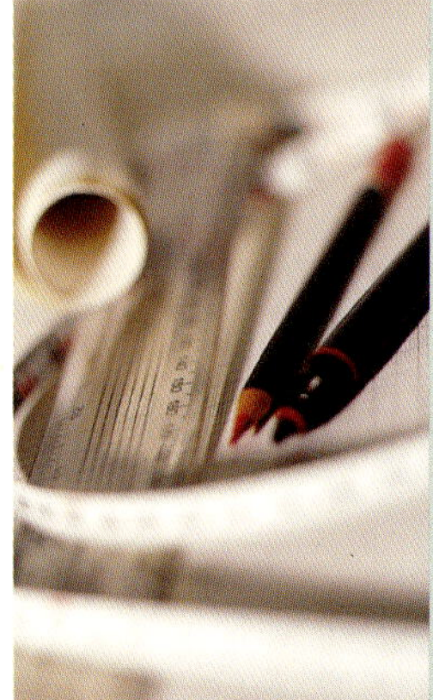

Planung

Eine Küche für Menschen mit besonderen Bedürfnissen muss nicht ausschließlich funktionell aussehen. Es gibt sehr attraktive Produkte, die das Leben und Kochen erleichtern.

Planung: Wird die Küche von einer körperbehinderten Person benutzt, sollten Arbeitsflächen in unterschiedlichen Höhen vorgesehen sein.

Beleuchtung: Mit einer guten Beleuchtung ist dafür gesorgt, dass auch Spritzer und Flecken leicht zu erkennen sind. Vermeiden Sie reflektierende Oberflächen, die die Sicht erschweren.

Geräte: Achten Sie auf leicht gängige Bedienungselemente. Eine ausziehbare Brause am Wasserhahn ist praktisch.

Handwerker: Sie sparen Energie, wenn Sie Warmwasserhähne mit einem elektronischen Thermostat oder Einhand-Mischbatterien einbauen lassen.

Geräte: Überlegen Sie, ob Klapptüren oder solche mit seitlichen Scharnieren günstiger sind. Eine nach unten aufschlagende Backofentür ist praktisch zum Abstellen heißer Gefäße.

Bodenbelag: Für große Flächen empfiehlt sich rutschfestes PVC. Diese Beläge sind weich, schalldämpfend und preiswert.

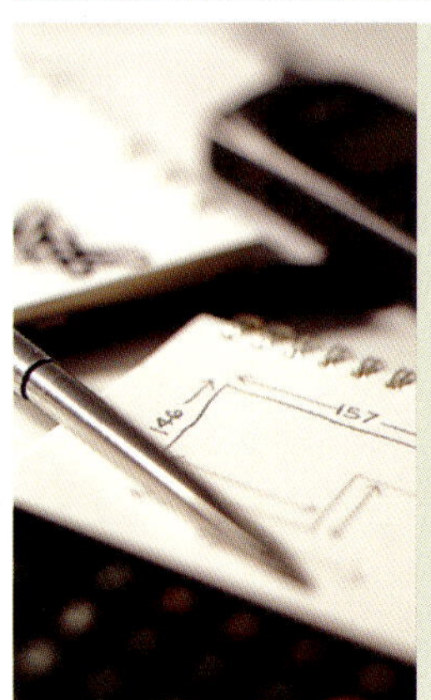

Arbeitsschritte

Achten Sie vor allem darauf, dass für eine Person, die durch ihre Lebensumstände ans Haus gebunden ist, auch während des Umbaus Kochgelegenheit besteht.

Kleingerät: Lassen Sie gleichzeitig mit dem Spülbecken einen Heißwasserboiler einbauen. So muss für heiße Getränke nicht immer ein Kessel gefüllt und aufgesetzt werden.

Planung: Lassen Sie in kleinen Küchen an Herd und Spüle, wo der Benutzer für längere Zeit stehen muss, Haltegriffe anbringen. Beim Umbau einer bestehenden Küche sollten Griffe dort angebracht werden, wo für zusätzliche Sicherheit gesorgt werden muss und der Platz dafür vorhanden ist.

Beleuchtung: Achten Sie beim Einbau der Beleuchtung darauf, dass die Schalter gut zu sehen und vom Rollstuhl aus zu erreichen sind. Mit Wechselschaltern an beiden Seiten der Küche sparen Sie unnötige Wegstrecken.

Oberflächen: Um den Pflegeaufwand möglichst gering zu halten, sollte nur die Freifläche an der Rückwand gefliest sein. Als Belag für Boden oder Arbeitsflächen sind Fliesen aufwändig zu reinigen, da sich in den Fugen leicht Krümel und Staub sammeln.

KÜCHENSTILE

Eine Frage des Stils

Sie haben Ihren Lebensstil analysiert und geplant, wie der verfügbare Raum am besten genutzt werden kann. Nun geht es darum, die optischen und praktischen Gesichtspunkte der Kücheneinrichtung zu bedenken.

Stellen Sie zuerst einmal fest, was Ihnen gefällt. Blättern Sie in Zeitschriften oder Herstellerbroschüren oder informieren Sie sich im Internet. Legen Sie eine Sammelmappe mit Einrichtungsbeispielen und Produkten an, die Ihnen zusagen. Ehe Sie aber konkrete Entscheidungen fällen, sollten Sie sich Muster und Küchenausstellungen ansehen.

Modern oder traditionell?

Eine moderne Küche soll vor allem bequem und zweckmäßig eingerichtet sein. Eine Aufreihung moderner Küchengeräte hinter glatten Fronten, ist die Lösung für Menschen, die saubere, aufgeräumte und funktionelle Küchen bevorzugen. Viele spricht jedoch mehr der Charme einer traditionellen Küche an. Meist lassen sich die modernen Geräte problemlos und unauffällig in einer Küche traditionellen Stils integrieren oder sie verschwinden eben kurzerhand hinter Schranktüren.

Eingebaut oder frei stehend?

Eine gut durchdachte Einbauküche – ob maßgeschneidert oder aus Standardelementen – garantiert eine optimale Raumnutzung und ist ideal für kleine oder unregelmäßig geschnittene Räume. Frei stehende Elemente wirken weniger steril, außerdem kann die Kombination verschiedener Möbelstücke sehr reizvoll sein. Allerdings wird mit separaten Küchenelementen Platz vergeudet.

Materialien und Oberflächen

Wofür Sie sich auch entscheiden – achten Sie darauf, dass die Materialien den Beanspruchungen in Ihrer Küche entsprechen. Hochglanzlackierungen und Furnierholz eignen sich für wenig strapazierte Küchen. Bei größerer Beanspruchung sind robustere Materialien sinnvoll, etwa Edelstahl oder Massivholz.

Beschläge

Kleinste Details beeinflussen die Raumwirkung meist ganz erheblich. Die Griffe sollten zum Material und zur Farbe der Oberflächen passen, aber auch angenehm im Gebrauch sein. Altmodische Porzellanknöpfe, handgeschnitzte Holzgriffe oder moderne Exemplare aus Metall können auch dem preiswertesten Schrank ein edles, gemütliches oder originelles Erscheinungsbild geben.

1 Dieser frei stehende Arbeitstisch aus unterschiedlichen Materialien ist ebenso praktisch wie robust. Er ist stabil, aber so leicht, dass man ihn bei Bedarf problemlos beiseite schieben kann.

2 In dieser praktischen Familienküche wurden Elemente in traditionellem Stil und maßgeschneiderte Einbauten kombiniert. Zentrum der Aktivität ist der große Herd, der gerade auch durch den Kontrast zur übrigen Einrichtung zum Blickfang wird.

3 Die Stufung der Einbauten in Höhe und Tiefe, kombiniert mit farbigen Schranktüren und solchen aus Glas, verleiht dieser schlichten, modernen Küche ihren Reiz. Die glänzenden Griffe sind wesentlich für die Gesamtwirkung.

KÜCHENPLANUNG

Entwurf

Arbeiten Sie mit der Kücheneinrichtung, für die Sie sich entschieden haben, einen Plan aus. Nutzen Sie dazu das karierte Papier und die mehrmals verwendbaren Möbelsticker am Ende des Buches für Ihren Entwurf.

Eine geschickt geplante Küche muss effizient, funktionell und bequem sein. Vielleicht erscheint es Ihnen kaum möglich, all diese Anforderungen zu erfüllen, vor allem, wenn Platz oder Budget beschränkt sind. Gerade dann aber lohnt sich eine gründliche Planung, weil sich dadurch die Fehler vermeiden lassen, deren spätere Korrektur teuer werden kann. Wenn Ihre Vorstellungen konkrete Form angenommen haben, zeichnen Sie einen Entwurf.

Mit Hilfe der folgenden Tipps werden Sie sicher eine zweckmäßige Küche planen, deren Benutzung Ihnen Freude bereitet.

Grundriss

Vor der Planung müssen Sie einen exakten Grundriss der Küche zeichnen. Übertragen Sie die abgenommenen Maße auf Karopapier, um einen maßstabsgetreuen Plan zeichnen zu können.

Dazu stellen Sie sich in die Mitte des Raumes und legen erst einmal eine grobe Skizze des Raumes an. Bauliche Details und Möbelstücke, die bleiben sollen, zeichnen Sie mit ein. Nun messen Sie die Fußbodenfläche aus und notieren die Maße in der Skizze. Anschließend im Uhrzeigersinn die Wände vermessen und auch diese Maße entsprechend in die Skizze übertragen.

Zeichnen Sie auch ein, wo sich die Anschlüsse für Wasser, Strom und Gas befinden. Symbole wie eine Flamme für Gas, ein Blitz für Elektrizität und ein Tropfen für Wasser sind hierfür praktisch.

Ansichten

Auch die Wände müssen aufgezeichnet werden. Messen Sie Höhe und Breite jeder Wand, legen Sie eine Grobskizze an und zeichnen Sie Fenster, Türen, Kamine, Leitungsrohre und Heizkörper ein. Kennzeichnen Sie die Skizzen mit Buchstaben

(A, B, C usw.). Dann werden die Skizzen maßstabsgetreu auf Karopapier übertragen. Bezeichnen Sie den Grundriss mit den Buchstaben für die entsprechenden Wände.

Baumaßnahmen

Vielleicht scheint Ihnen die Küche zur Umsetzung Ihrer Ideen zu klein. Prüfen Sie dann die Möglichkeit, zwei Räume zu einem großen zu verbinden oder eine Außenwand niederzulegen und einen transparenten Wintergarten anzubauen. So gewinnen Sie mehr Freiheit für Ihre Küchenplanung und könnten zugleich einen Essplatz einrichten. In großen Küchen lassen sich hervorragend auch Sitzgruppen integrieren, wo man beisammen sein, trotzdem aber sichere Distanz zum Kochgeschehen wahren kann.

Bei einem Umbau ist meist das Budget der wichtigste Faktor. Weil es aber keinen Ersatz für Qualität gibt, sollten Sie ei-

1 Diese ergonomische Küche auf kleinstem Raum zeigt, wie bei sorgfältigem Umgang mit dem Raumangebot Funktionsbereiche auch dicht zusammengelegt werden können, ohne beengt zu wirken. Der Platz unter der Arbeitsfläche könnte für einen Rollcontainer oder Hocker genutzt werden.

2 Wenn der Platz knapp ist, bieten sich flache Heizkörper an. Positionieren Sie sie derart, dass durch die Bewegungen im Raum die Wärme gleichmäßig verteilt wird.

3 Bei einer Kombination offener und geschlossener Schrankelemente können dekorative Accessoires und Bücher ausgestellt werden, während Geschirr und andere Gebrauchsgegenstände im Inneren verstaut und vor Schmutz geschützt sind.

4 In dieser einzeiligen Küche bekommen alle Arbeitsbereiche genügend Tageslicht durch die Fenster und die verglaste Tür. Ist der Dunstabzug an einer Außenwand angebracht, erreicht er durch die kurzen Entlüftungsrohre seine optimale Leistung.

nen Architekten oder Küchenspezialisten konsultieren, der Sie in Umbaufragen kompetent beraten kann. Die wesentlichen Punkte bei einer Neugestaltung wie Baumaßnahmen, Installationen und Einbauten sollten zu Beginn und ordentlich ausgeführt werden. An Stühle oder Hocker und andere Details kann man auch später noch denken. Berücksichtigen Sie bei der Kalkulation auch versteckte Kosten. Beispielsweise sparen Sie Installationskosten, wenn alle Geräte, für die Anschlüsse erforderlich sind, an einer Wand platziert werden. Ebenso sparen Sie Material und Arbeitskosten, wenn Sie die Abzugshaube an einer Außenwand installieren lassen; so erübrigen sich lange Lüftungsrohre durch den ganzen Raum.

- Platzieren Sie zuerst das Spülbecken mit Abtropffläche in Ihrem Entwurf (das ist in der Regel das größte Element) und planen Sie die Spülmaschine in unmittelbarer Nähe.
- Planen Sie dann Arbeitsflächen und den Kochbereich in der Nähe des Spülbeckens, um ein praktisches Arbeitsdreieck zu schaffen. Das Becken sollte nahe beim Herd liegen, damit Sie schwere Töpfe nicht weit tragen müssen.
- Zwischen Spüle und Kochfeld empfiehlt es sich, eine Arbeitsfläche einzuplanen. So können gewaschene Lebensmittel über die Arbeitsplatte auf direktem Weg zum Herd gelangen.
- Bringen Sie den Kühlschrank so unter, dass er bequem vom Arbeitsbereich aus erreichbar ist.
- Ist Platz für einen separaten Esstisch vorhanden, sollte dieser in der Nähe des Fensters platziert werden.

Küchenformen

Welche Form Ihre Küche auch hat, sie wird zweckmäßiger, wenn Sie die Anlage der Elemente als Arbeitsdreieck berücksichtigen. Zeichnen Sie für jeden Funktionsbereich einen Punkt in Ihrem Plan ein – z. B. für Kühlschrank, Herd und Spüle –, dann verbinden Sie die Punkte mit Linien. Das entstehende Dreieck kann asymmetrisch sein, im besten Fall betragen die Entfernungen jedoch – je nach Größe Ihrer Küche – höchstens 1,20 bis 2,70 Meter.

1 In einer einzeiligen Küche sollten Sie eine Arbeitsfläche zwischen Herd und Kühlschrank einplanen. An den Ecken der Flächen Platz lassen für Ellbogenfreiheit und z. B. Pfannenstiele.

2 Steht der Kühlschrank am Ende einer Küchenzeile, kann er ohne Behinderung des Kochs genutzt werden.

3 Halten Sie die Leitungslänge für Wasser, Gas und Lüftung kurz, um die Effizienz zu steigern und Kosten zu sparen. Hier ist die Spülmaschine gleich neben dem Becken angebracht, die Abzugshaube an einer Außenwand installiert.

4 Extra tiefe Arbeitsplatten bieten Platz für separate Kochfelder und ein zusätzliches kleines Becken zum Waschen von Zutaten.

5 In dieser Küche mit zentraler Insel gibt es zwei Arbeitsdreiecke. Eines liegt zwischen dem großen Fünf-Platten-Kochfeld, dem Kühlschrank und Spülbecken in der Mitte. An der gegenüber liegenden Wand sind Vorräte und Küchengerät untergebracht, die auf der Kücheninsel benutzt werden.

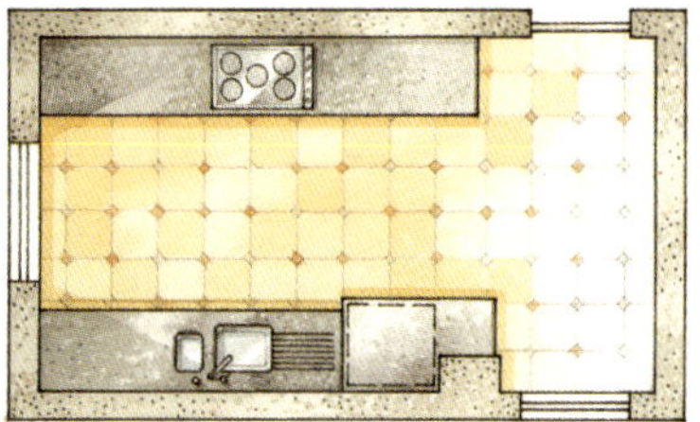

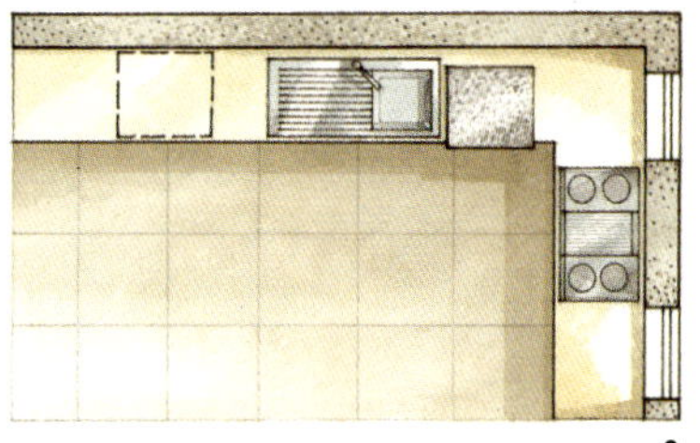

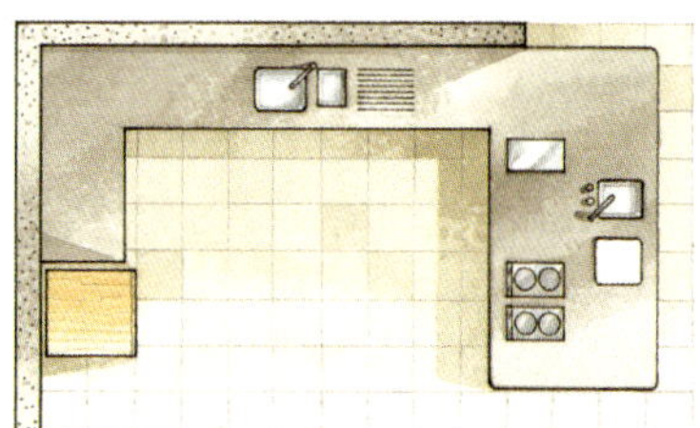

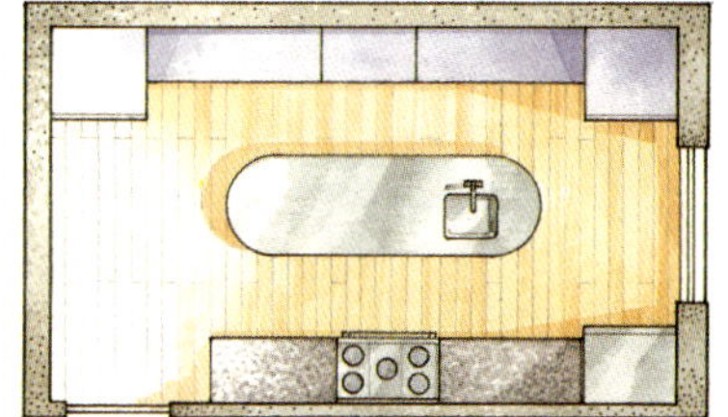

Oberschränke

Gut durchdachte Oberschränke sollten leicht zu erreichen sein und flexibel nutzbaren Stauraum bieten. Sie eignen sich am besten für leichte Küchenutensilien und Geschirr. Reservieren Sie aber über der Vorbereitungszone einen Platz für Gewürze und Öle.

Oberschränke sind wichtiger Stauraum für allerlei Küchenutensilien und haltbare Vorräte. Die Innenaufteilung muss anders ausgelegt sein als in Unterschränken, damit die Fächer nicht zu voll gepackt werden und beim Öffnen einer Tür keine Gegenstände herausfallen. Je höher die Oberschränke angebracht sind, desto unpraktischer sind sie, weil man nur noch schlecht hineinsieht.

Schmale Lösungen

Oberschränke sind meist nur halb so tief wie Unterschränke, damit die Arbeitsflächen darunter ohne Einschränkung genutzt werden können. Die Oberseiten der Schränke entwickeln sich mit der Zeit meist nur zum Staubfänger – deshalb sollten Sie auch in Erwägung ziehen, deckenhohe Hängeschränke einzubauen. In diesem Fall allerdings empfiehlt es sich, Platz für eine Trittleiter einzuplanen, mit der Sie sicher und einfach auch die oberen Fächer erreichen.

Hat die Küche nur ein Fenster, sollten die Oberschränke auf keinen Fall unmittelbar bis an die Fensterlaibung heran reichen. Massive Schränke in Fensternähe reduzieren den Lichteinfall und verschatten so große Teile des Raumes. Wenn Sie aus Platzgründen den Raum bis zum Fenster voll ausnutzen müssen, wählen Sie in diesem Bereich Oberschränke mit verglasten Seiten und Türen, durch die das Licht fällt.

1 Eine lange Reihe immer gleicher Schranktüren wirkt monoton. In dieser ländlichen Küche wurde das Problem durch den Wechsel von massiven und verglasten Türen sowie durch abgestufte Schrankhöhen gelöst.

2 Diskret in die Unterseite der Hängeschränke eingebaute Halogenstrahler sorgen für punktuelle Beleuchtung der Keramikschalen auf dem darunter liegenden Bord.

3 Ein frei stehender Hochschrank ist eine gute Möglichkeit, den Raum in der Höhe zu nutzen. Milchglastüren ermöglichen den Blick ins Innere.

4 Passend zu den maßangefertigten Wandregalen gibt es hier ein kleines Hängeregal an der angrenzenden Wand. Bei offenen Regalen sieht man den Inhalt auf einen Blick, doch müssen die Fachböden regelmäßig geringt werden, wenn sie ansehnlich bleiben sollen.

5 Leuchtstoffröhren werfen klares, schattenloses Licht auf die Arbeitsfläche. Damit man nicht geblendet wird, sollten die Röhren so angebracht werden, dass sie nicht sichtbar sind.

6 Damit das Geschirr nicht zu hoch gestapelt wird, sollten Sie zahlreiche Fachböden für Oberschränke vorsehen. Unterschiedliche Regalabstände für hohe und niedrige Gegenstände sind wichtig.

7 Ideal ist ein Vorratsschrank im Bereich zwischen Knie- und Augenhöhe. Wenn Sie zum täglichen Kochen zahlreiche kleine Dosen und Flaschen benötigen, sind ausziehbare Schübe die beste Lösung.

PROFI-TIPPS

Arbeitsflächen lassen sich ideal mit Lampen an der Unterseite der Hängeschränke beleuchten. Sowohl bei Leuchtstoffröhren als auch bei Niedervolt-Halogenstrahlern sollten Sie aber unbedingt an eine Blendschutzleiste denken.

Der Abstand zwischen Arbeitsfläche und Unterkante der Hängeschränke richtet sich nach Ihrer Körpergröße und Reichweite. Im Idealfall sollten die Gegenstände in den oberen Schrankfächern noch sichtbar sein. Hängen die Schränke aber zu tief, beeinträchtigen sie die Bewegungsfreiheit auf der Arbeitsfläche.

Tellerregale sind ebenso dekorativ wie praktisch. Die Stoßgefahr ist wesentlich geringer als beim Stapeln. Der Nachteil solcher offenen Regale ist, dass das Geschirr schnell einstaubt, wenn es nicht regelmäßig benutzt wird.

8 Diese klassische Anrichte mit Tellerbord und Tassenhaken bietet vielfältige und praktische Aufbewahrungsmöglichkeiten, die zudem attraktiv wirken.

9 Nutzen Sie den Raum zwischen Unter- und Oberschränken für eine praktische Schiene, flache Schubladen oder Regale. Es gibt eine Reihe von Gitter- und Schienensystemen, an denen diverse Utensilien griffbereit eingehängt werden können.

10 Sollen zerbrechliche Gegenstände in offenen Regalen untergebracht werden, lohnt sich zum Schutz eine Stange an der Vorderkante der Fachböden. Die traditionelle Holzküche bildet hier einen stilvollen Rahmen für die interessante Kollektion von Einmachgläsern.

Unterschränke

Unterschränke müssen stabil und langlebig sein, weil sie besonders stark strapaziert werden. Die Türen müssen häufiges Öffnen und Schließen überstehen, die Inneneinrichtung muss auch schwerste Pfannen und Schüsseln tragen.

Von der Arbeitsplatte bis zur Sockelleiste am Fußboden sind Unterschränke ständig Stößen, Spritzern und Reinigungsmitteln ausgesetzt. Weil der Rahmen der Schränke das Gewicht der Arbeitsplatte, Türen und Fachböden samt Inhalt trägt, sollten Sie hier unbedingt auf Qualität achten. Es gibt verschiedene Arten von Schränken. Die Einbausysteme großer Küchenhersteller bieten Schrankelemente in verschiedenen Standardgrößen, die variabel kombiniert werden können. Maßangefertigte Küchenschränke sind dann eine gute Lösung, wenn Wände oder Fußboden uneben sind.

Das richtige Material

Der Korpus des Unterschranks ist im Grunde nur eine Kiste mit höhenverstellbaren Füßen oder Wandbefestigung sowie Fachböden. Meist werden hierfür kunststoffbeschichtete Spanplatten, MDF oder eine Kombination aus beiden verarbeitet. Sie sind nicht unbedingt günstiger als Massivholz, haben aber den Vorteil, dass sie die starken Temperatur- und Feuchtigkeitsschwankungen in der Küche verkraften, ohne sich zu verziehen, und leicht zu wischen sind. Für Rahmen und Scharnierseiten wird zur Verstärkung häufig Hartholz verwendet.

Schränke mit Tür und Schublade sind teurer als solche mit nur einer Tür über die gesamte Front. Das liegt am Mehraufwand in der Produktion. Schubladenelemente sind aber praktisch zum Aufbewahren von kleinen Küchengerätschaften oder Pfannen. Fachböden, Drehelemente und ausziehbare Körbe für Obst und Gemüse sind nur Beispiele für die vielfältigen praktischen und übersichtlichen Inneneinrichtungen, die für Unterschränke angeboten werden.

1 Schubladen und Schränke entsprechen ganz den individuellen Bedürfnissen des Kochs. Die kleinen Fächer für Gewürze direkt unter der Arbeitsfläche haben ein praktisches Griffloch.

2 Im ausziehbaren Kühlfach nahe der Vorbereitungszone halten sich Obst und Salate frisch.

3 Eine Reihe kleiner Schubladen in der Nähe des Herd ist praktisch zum Aufbewahren von Gewürzen und kleinen Gerätschaften.

4 Die geraden Linien dieses modernen Unterschranks wiederholen sich in den Griffen und der übrigen Kücheneinrichtung.

5 Was aussieht wie ein Schubladenschrank, ist die Front eines mehrstöckigen variblen Auszugs, der auf jeder Etage uneingeschränkte Übersicht ermöglicht.

6 Glatte Holzfronten mit sachlichen Edelstahlgriffen. Rahmen und Scharniere der Türen bleiben völlig unsichtbar.

7 Mit speziellen Einsätzen lassen sich Schubladen in geeignete Fächer unterschiedlicher Größe einteilen.

8 Die Brotschublade hat einen Deckel, der auch als Schneidebrett genutzt werden kann. Mit dem herausnehmbaren Einsatz lassen sich Krümel problemlos entfernen.

PROFI-TIPPS

Eine nach hinten versetzte Sockelleiste sorgt dafür, dass man bequem vor den Schränken stehen kann. Die Leiste verdeckt die höhenverstellbaren Beine der Schränke und schließt den Zwischenraum zwischen Boden und Unterschrank. Moderne Schränke haben oft sichtbare Beine, damit sie leichter und luftiger wirken. Darunter muss regelmäßig gereinigt werden.

Für eine kleine oder unregelmäßig geschnittene Küche sind schmale Unterschränke oft praktischer, weil damit der Raum besser genutzt werden kann.

Bei Komplett-Einbausystemen werden auch für die Elektrogeräte passende Fronten angeboten. Es gibt Platten, die in den Rahmen der Gerätetür eingesetzt werden, oder das Gerät verschwindet einfach hinter einer Schranktür. Für Geräte, die große Hitze entwickeln, sind solche Dekorfronten allerdings nicht zu empfehlen.

Weinregale sind eigentlich nur praktisch für Weine, die mit Zimmertemperatur serviert werden. Die Temperaturschwankungen in Küchen führen dazu, dass edle Weine schneller verderben.

Bei einigen modernen Schränken gibt es keine Rahmen mehr an der Front, die Scharniere sind verdeckt. Solche Küchen wirken wegen der durchgehenden, glatten Oberflächen eher sachlich. Sie sind jedoch ebenso stabil wie Schränke in Rahmenbauweise und bieten rundum ungehinderten Zugang ins Innere.

5

8

9

10

6

7

9 Ein Weinregal unter der Arbeitsplatte ist eine gute Möglichkeit, schmale Winkel und Nischen sinnvoll zu nutzen.

10 Wenn viel Kleingerät und Tischwäsche unterzubringen sind, sollten Sie eine Reihe flacher Schubladen vorsehen.

11 Ein schmaler Ausziehschrank ist praktisch zur Unterbringung von hohen Flaschen, z. B. für Essig und Öl, und von Gewürzen.

11

Große Wohnküchen

Die Planung einer Wohnküche kann eine ebenso große Herausforderung sein wie die Einrichtung einer kompakten Kleinküche. Schaffen Sie getrennte Bereiche für Arbeit und Entspannung, sodass sich mehrere Personen in der Küche aufhalten können.

Gehen Sie an die Planung einer großen Küche genauso heran wie an eine kleine. Definieren Sie Bereiche zum Vorbereiten, Kochen, Essen und Entspannen. Der Esstisch, ein Sofa oder eine Kücheninsel können auf unkomplizierte Weise den Wohn- und Küchenbereich voneinander abgrenzen, sodass beide separat zu nutzen sind.

Eine große Küche braucht einen Blickfang, um den sich die verschiedenen Aktivitäten gruppieren. Verlegen Sie nicht alle Schränke und Arbeitsbereiche an die Außenwände, sonst entsteht der Eindruck eines »leeren« Raumes in der Mit-

1 An dem kleinen Spülbecken zwischen zwei Hochschränken in der Nähe des Esstisches können Getränke zubereitet oder Gläser gespült werden, ohne dabei den Küchenbetrieb zu stören.

te. Besser ist es, die Aktivitäten in einem kompakten Arbeitsbereich zu konzentrieren, was Zeit und Wege spart. Wenn der Platz dafür vorhanden ist, ist eine Kücheninsel für Vorbereitungen, zum Kochen und Essen ideal, weil sie alle Aktivität in die Mitte des Raumes verlagert.

Geräte

Professionelle Gastronomiegeräte haben für große Küchen die richtigen Proportionen, und das Angebot in diesem Bereich ist vielfältig. Es lohnt sich auch, über den Einbau eines zweiten kleineren Spülbeckens nachzudenken, wo parallel zu der Arbeit am Haupt-Spülbecken Salat und Gemüse gewaschen oder Gläser kurz ausgespült werden können.

Wenn Sie darüber nachdenken, die Kochstelle in die Kücheninsel zu integrieren, sollten Sie auch berücksichtigen, wie sich die Gesamtwirkung eines großzügigen Raumes durch Abzugshaube und die dazugehörigen Abluftkanäle verändert.

Denken Sie daran, den Kühlschrank mit etwas Abstand zu den heißen Geräten und lieber in der Nähe der Entspannungszone aufzustellen. So kann er von allen Personen genutzt werden, ohne dass Arbeitsabläufe in der Küche behindert werden.

Lichtquellen

Damit weder die Arbeitsbereiche noch die Mitte des Raumes im Schatten liegen, muss die Beleuchtung durch Tages- und Kunstlicht gut geplant werden. Der schönste Platz für den Esstisch ist immer am Fenster oder an einer Terrassentür, wo Tageslicht herrscht. Vielleicht möchten Sie an dieser Stelle aber lieber das Spülbecken oder Arbeitsflächen unterbringen. Dann ist es wichtig, dass für den Essbereich eine variabel einzustellende künstliche Beleuchtung installiert wird.

Bereiche verbinden

Eine große Küche soll zweckmäßig und wohnlich wirken. Durch geschickten Einsatz von Farben und Materialien lassen sich Arbeits- und Wohnbereich optisch verbinden. Mit durchgehend gleichen Materialien ist sichergestellt, dass der Raum einen durchgängigen Stil zeigt und geschlossen wirkt.

2 Der Tisch am Fenster wirkt freundlich und einladend. Auf dem Sofa unterhalb der Fensterbank können zwei oder mehr Personen Platz nehmen.

siehe auch
Eine Frage des Stils 16
Entwurf 34
Arbeitsbereiche 54
Servieren & essen 66

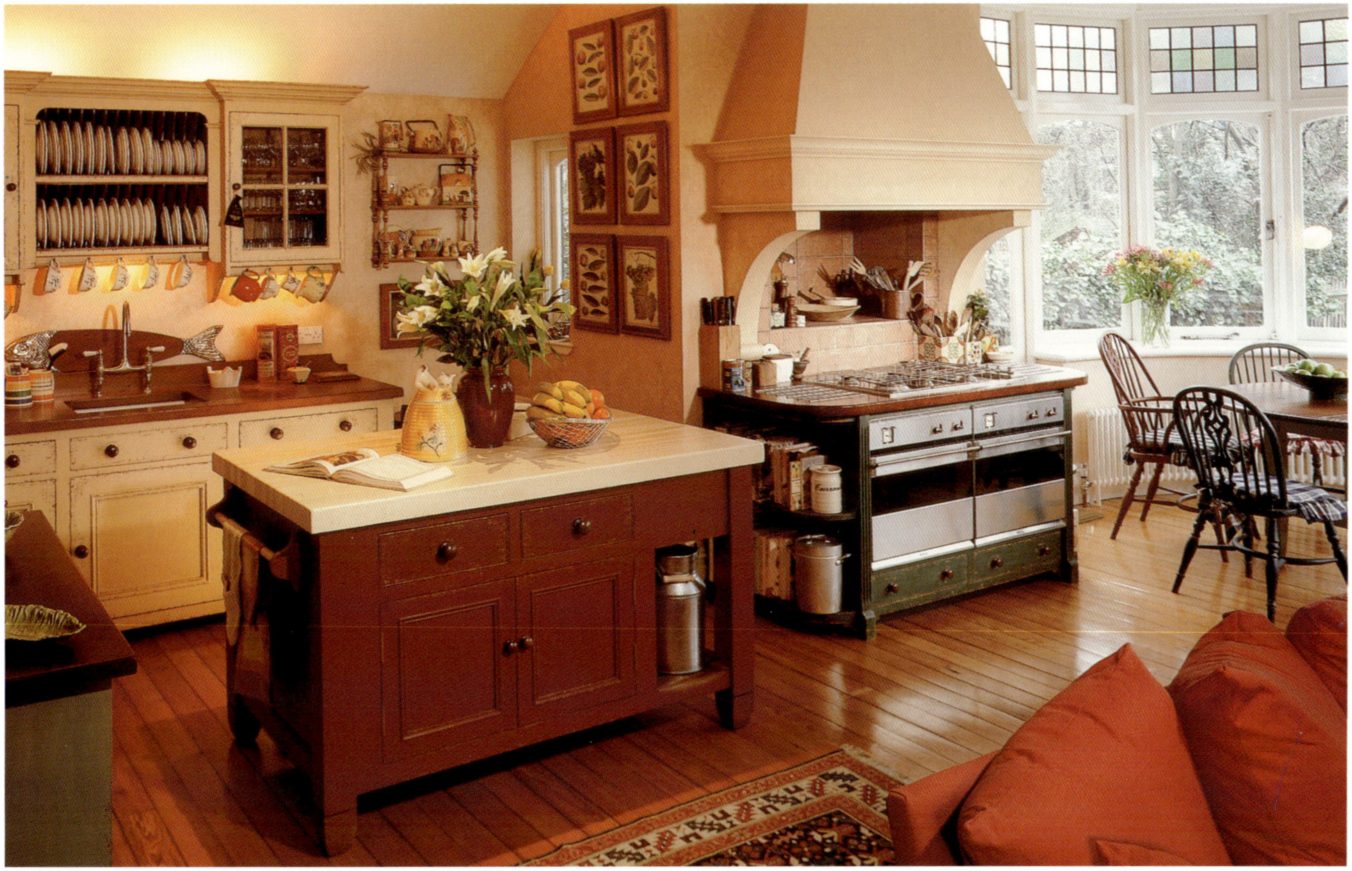

3

3 Diese Küche mit ihren klar abgegrenzten Bereichen ist ideal für gesellige Menschen. Der Koch kann sich mit den Personen, die sich am Esstisch oder bei der Sitzgruppe aufhalten, unterhalten.

PROFI-TIPPS

- Interessanter wirkt es, wenn Sie geschlossene und gleichfarbig gehaltene Tür- und Schubladenfronten mit offenen Regalen oder Glastüren kombinieren.
- Wählen Sie für Fußboden, Arbeitsplatten oder Spritzschutzwände Farben aus, die sich von der der Schränke abheben. Das belebt und steigert die Wirkung.
- In einem großen Raum sollte es einen deutlichen Blickfang geben, damit er behaglich und wohnlich wirkt. Das kann z. B. ein antiker Tisch sein, ein farbiger Kühlschrank oder eine Sammlung von originellem Geschirr.
- Wegen der unterschiedlichen Dicke harter und weicher Fußbodenbeläge empfiehlt es sich, Koch- und Wohnbereich mit dem gleichen Material auszulegen. Ein Teppich am Essplatz oder im Entspannungsbereich sorgt bei Bedarf für mehr Gemütlichkeit.

4

4 Hier ist die Küchenzeile am Ende des Raumes an einer Außenwand untergebracht; so werden lange Leitungen für den Abzug des Herdes vermieden. Der frei stehende Tisch kann von der Kücheninsel abgerückt werden, wenn zusätzliche Sitzplätze benötigt werden.

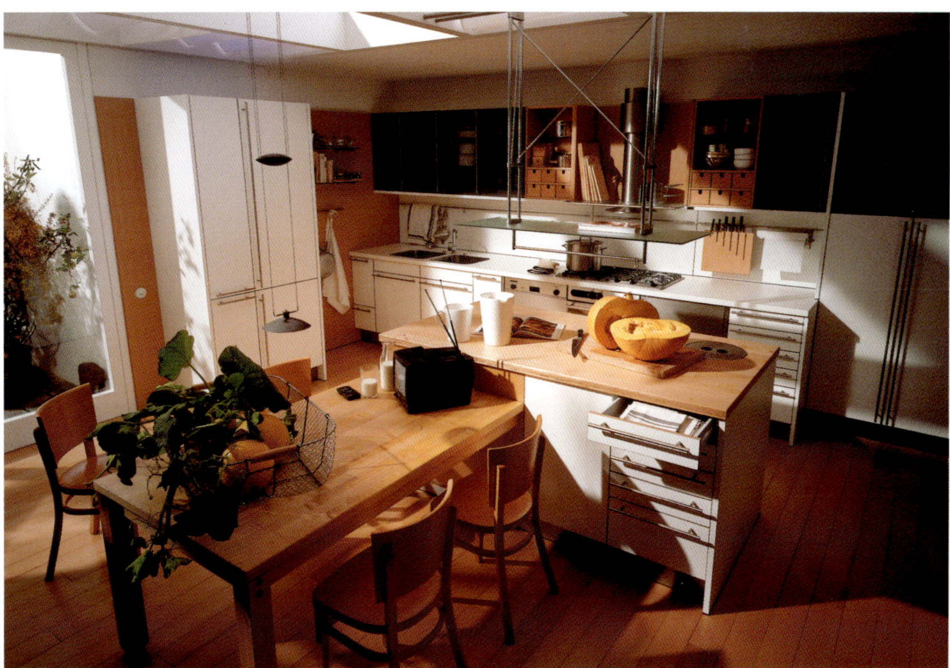

Einfache Küchenzeilen

Mit geschickter Planung und Einfallsreichtum kann auch eine einzeilige Küche durchaus zweckmäßig sein. Schlüssel zum Erfolg ist die Anordnung von Spülbecken, Herd und Kühlschrank. Den Stil der Küche prägen die Details.

In einer einzeiligen Küche lässt sich das Prinzip des Arbeitsdreiecks nicht anwenden. Die Bewegung von einem Arbeitsbereich zum anderen ist linear. Aus praktischen Gründen sollte zwischen Herd und Spülbecken eine Arbeitsfläche liegen. Widerstehen Sie aber der Versuchung, Herd und Spülbecken an den Enden der Zeile zu positionieren, um eine möglichst große Arbeitsfläche zu schaffen. Das sorgt für lange Wege, und Sie werden sich beeinträchtigt fühlen. Zu beiden Seiten des Kochfeldes sollte genug Platz vorhanden sein, um heiße Töpfe und Pfannen abzustellen, und auch Pfannenstiele sollten genügend Platz haben, damit sie keine Gefahr darstellen. Um den Arbeitsbereich nicht einzuschränken, sollten Spülmaschine, Kühlschrank und eventuell Backofen unter der Arbeitsplatte untergebracht werden. Den übrigen Raum nutzen Sie für Unterschränke, in denen Töpfe, Pfannen und elektrische Geräte untergebracht werden.

Platz schaffen

Wenn zwei Personen gemeinsam kochen wollen, kann bei der einfachen Küchenzeile die Bewegungsfreiheit eingeschränkt sein. Abhilfe schafft hier ein herausziehbarer Rollcontainer (siehe Seite 52), der als separate Arbeitsfläche genutzt werden kann. Wollen Sie außerdem einen informellen Essplatz in der Küche einrichten, empfehlen sich ein Klapptisch und Stapelstühle, die nur wenig der kostbaren Bodenfläche einnehmen.

Falls möglich, sollten Sie eine extratiefe Arbeitsplatte über die gesamte Länge der Küchenzeile vorsehen, sodass entlang der Wand allerlei Utensilien aufbewahrt werden können, die bei der Arbeit nicht stören. Praktisch ist auch eine »Garage« für kleine Geräte mit eingebauter Steckdosenleiste und einer Rolltür am Ende der Arbeitsplatte. Hier können Küchenmaschine, Mixer und Toaster platzsparend untergebracht werden, wenn sie nicht in Gebrauch sind.

1 In einer einzeiligen Küche müssen Boden- und Wandflächen oft fantasievoll und vielfältig genutzt werden. Hier sind Töpfe, Kochutensilien, Geschirr und Gläser an einem offenen Gitterregal über der Arbeitsfläche verstaut.

2 In dieser Küchenzeile unter der Dachschräge ist auf beschränktem Raum ein funktionaler Arbeitsbereich mit ausreichender Stehhöhe entstanden.

PROFI-TIPPS

Auch wenn der Platz knapp ist, sollten Sie Herd und Spülbecken nicht an den Enden der Küchenzeile unterbringen. Diese Aufteilung geht zu Lasten von Sicherheit und Bewegungsfreiheit.

Nutzen Sie die Wandfläche zwischen Arbeitsplatte und Oberschränken für eine Schiene, an der Küchenutensilien aufgehängt werden.

Ist die Küche Teil eines größeren Wohnraumes, kann sie mit Jalousien abgetrennt werden. Günstig sind Aluminiumjalousien, die das Licht reflektieren und die Küche dadurch größer wirken lassen.

In einem deckenhohen Vorratschrank mit ausziehbaren Schubfächern kann man erstaunlich viel unterbringen. Mit einer leichten Front ausgestattet, wirkt er auch in einer kleinen Küche nicht zu dominant. Stellen Sie den Schrank am Ende der Küchenzeile auf, damit er in geöffnetem Zustand nicht hinderlich ist.

4 Eine interessante Abwechslung zum üblichen Küchendesign bildet diese geschwungene Küchenzeile. Das hat auch ergonomische Vorteile, weil die Wege zwischen den Arbeitsbereichen kürzer werden.

5 Bei dieser maßangefertigten Hochglanz-Küchenzeile wechseln helle und dunkle Fronten mit glänzenden Edelstahlflächen ab. Kochfeld und Abzugshaube sind geschwungen, die Beleuchtung erfolgt durch eingebaute Halogenstrahler. Dieser Bereich bildet den Blickfang der Zeile.

6 Ein Wand-Klapptisch und Stapelstühle genügen, um in dieser schmalen Küche einen gemütlichen Essplatz für zwei Personen zu schaffen.

3 In einer einzeiligen Küche sollten Sie zwischen Herd und Spüle eine Freifläche einplanen. Der Kühlschrank wird am besten unter die Arbeitsfläche gelegt. Und die Spülmaschine sollte in der Nähe des Spülbeckens installiert werden, um Anschlusskosten zu sparen.

Doppelte Küchenzeilen

Der Vorteil von Küchenzeilen liegt in der einfachen, aber effizienten Raumnutzung.
Planen Sie in den jeweiligen Arbeitsbereichen auch Stauraum und die zugehörigen
Geräte mit ein, um unnötige Wege zu vermeiden.

Die klassische zweizeilige Küche, manchmal auch Korridorküche genannt, besteht aus einander gegenüberliegenden Zeilen aus Schränken und/oder Geräten. Wenn Sie an die praktische Aufteilung einer Schiffskombüse denken, wird klar, dass die Grundprinzipien dieser Küchenaufteilung auch auf engstem Raum überzeugend sind.

Ungünstig ist es lediglich, wenn sich an beiden Enden der zweizeiligen Küche Türen befinden. So fungiert die Küche als Durchgang zu anderen Räumen oder Verbindung ins Freie. Das mag für Paare noch tragbar sein, ist aber für Familien in der Regel ein unhaltbarer Zustand, weil Arbeitsabläufe ständig unterbrochen werden und die Sicherheit in der Küche beeinträchtigt ist.

Effizienter Arbeitsraum

Zwischen zwei Wänden lässt sich recht einfach ein sinnvolles Arbeitsdreieck einrichten, aber berücksichtigen Sie bei der Planung Ihre spezifischen Bedürfnisse. Denken Sie darüber nach, welche Arbeitsbereiche und Geräte Sie am häufigsten nutzen. Wenn Sie oft kochen und dabei frische Zutaten verwenden, sollte die Arbeitsfläche zwischen Herd und Spülbecken liegen. Platzieren Sie Kühlschrank und Gefriertruhe nebeneinander unter der Arbeitsplatte. Wenn Sie einen Kühlturm bevorzugen, sollte dieser auf der gegenüberliegenden Seite stehen, damit die Arbeitsfläche frei bleibt. Kühlgeräte sollten nicht neben Herd und Backofen untergebracht werden, weil die unterschiedlichen Temperaturen die Funktion beider Geräte beeinträchtigen. Wenn Sie keine andere Platzierungsmöglichkeit haben, sollte für gute Isolierung zwischen den Geräten gesorgt sein.

Der Abstand zwischen den Küchenzeilen sollte mindestens einen Meter betragen. So können Schränke und Geräte geöffnet werden, gleichzeitig besteht noch sichere Durchgangsmöglichkeit. Geräte mit Wasseranschluss sollten nahe beieinander liegen, um lange Rohrwege und Installationskosten zu sparen. Dasselbe gilt für den Dunstabzug, sodass es sich empfiehlt, Kochfeld, Backofen und Abzugshaube an eine Außenwand zu verlegen.

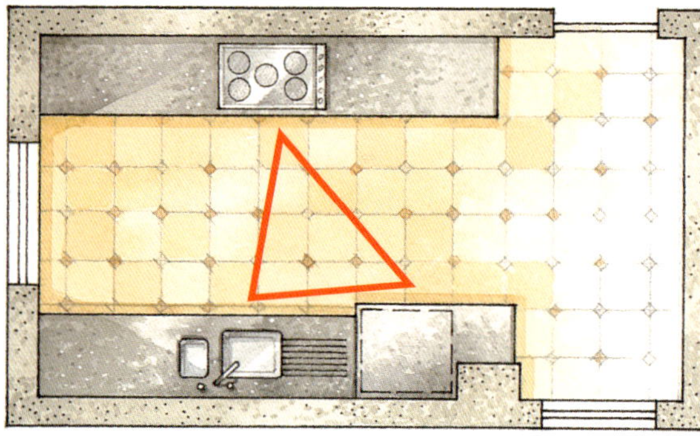

1 Steht der Kühlschrank in der Nähe der Tür, können Sie Einkäufe schnell auspacken, und bei der Benutzung durch mehrere Personen wird der Arbeitsablauf nicht gestört.

2 Die kontrastierende Farbgebung verleiht dieser schlichten, praktischen Küche den Pfiff. Eine raffinierte Unterbringungsmöglichkeit ist die Hakenleiste im Shaker-Stil, die im gleichen Ton wie der Oberschrank gestrichen ist. Der freie Raum am Ende der Küche wird wohnlich durch den Korbsessel und das kleine Holzregal mit dekorativen Küchenutensilien.

3 Dieser Grundriss einer typischen zweizeiligen Küche zeigt die Beziehung zwischen den hauptsächlichen Arbeitsbereichen — Kochplatten, Waschbecken und Kühlschrank — in Form eines Dreiecks.

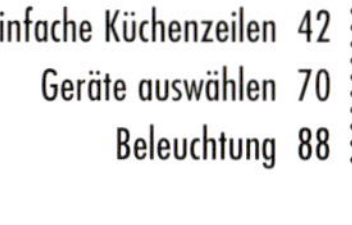

5 Diese in einen größeren Raum integrierte doppelte Küchenzeile ermöglicht eine Unterhaltung mit den Gästen im gegenüberliegenden Bereich. Die Unterschränke sind von beiden Seiten zugänglich, sodass Gläser und Geschirr auch vom Essplatz her entnommen werden können und der Arbeitsablauf in der Küche nicht gestört wird.

4 Viel Platz und natürliches Tageslicht bringen diese Küche mit farbigen und Naturholzelementen zur Wirkung. Die im Winkel angelegte Unterschrankzeile schafft eine große Arbeitsfläche und damit reichlich Platz für Vorbereitungen, aber auch Stauraum.

PROFI-TIPPS

Beträgt der Abstand zwischen den Küchenzeilen mehr als 1,20 Meter, könnten Sie eine tiefere Arbeitsplatte einbauen, die zugleich als Tresen für kleine Mahlzeiten oder ein schnelles Frühstück genutzt werden kann.

Ein Hochschrank für Vorräte steht idealerweise am Ende der Küchenzeile, nahe an der Wand. So gewinnen Sie maximale Arbeitsfläche und ausreichend Stauraum, und die Küche wirkt trotzdem nicht kleiner, als sie ist.

Damit eine schlichte, zweizeilige Küche nicht langweilig aussieht, könnten an den Enden gerundete oder schräge Unter- und Oberschränke integriert werden. Das rundet das Gesamtbild ab und wirkt weniger streng als ausschließlich rechte Winkel.

In einer schmalen zweizeiligen Küche wird der Platz kaum für einen festen Esstisch für die ganze Familie ausreichen. Eine praktische Alternative sind eine ausziehbare Tischplatte mit Klappstühlen, die nach Gebrauch schnell wieder verstaut sind.

6 Eine Schrankzeile mit unterschiedlicher Höhe und Tiefe ist die perfekte Lösung für verschiedenste Koch- und Stauraumbedürfnisse. Das Oberlicht sorgt für eine Beleuchtung der Küche ohne Schatten.

L-förmige Küchen

In L-förmigen Küchen entsteht durch den Winkel automatisch ein Arbeitsdreieck. Die L-Form eignet sich für kleine wie für größere Räume, und in der freien Fläche kann der Essplatz oder eine Sitzgelegenheit eingerichtet werden.

Eine L-förmige Küche bietet meist Platz für einen Esstisch und Stühle, ohne dass dadurch der Arbeitsablauf in den Aktivitätsbereichen gestört wird. Durch geschickte Planung kann man auch in einer kleinen Küche einen Klapptisch unterbringen, der sich für zwanglose Mahlzeiten ebenso wie als zusätzliche Arbeitsfläche eignet.

Nach der Lage von Fenstern und Türen richtet sich die Anordnung der wichtigsten Arbeitsbereiche. Aus Sicherheitsgründen sollte der Kochbereich mit Backofen, Herd und Mikrowelle nicht direkt neben einer Tür liegen. Der Kühlschrank oder ein mit einem Gefrierfach kombiniertes Gerät sind dagegen am Ende der Küchenzeile und in Türnähe richtig untergebracht, weil sich so die Einkäufe leicht verstauen lassen. Außerdem haben somit auch andere Personen Zugang zu dem Gerät, z. B. um sich ein kaltes Getränk zu holen, ohne dabei den Küchenbetrieb zu stören.

Ecklösungen

Im Eckbereich einer L-förmigen Küche müssen die Staumöglichkeiten gut durchdacht sein. Die tiefen Ecken sind nur schwer zugänglich und einsehbar. In dieser Zone kann immer nur eine Schublade offen stehen, und die geöffnete Klappe einer Spülmaschine z. B. versperrt den Zugang zu den benachbarten Schränken. Drehbare Inneneinrichtungen für Eckschränke sind hier eine hervorragende Lösung, die auch die Ecken praktisch nutzbar macht. Eine andere, auch optisch attraktive Möglichkeit besteht darin, Spülbecken oder Herd diagonal in die Ecke zu setzen und beidseitig Arbeitsflächen mit darunter liegendem Stauraum vorzusehen.

Lassen Sie soviel Tageslicht wie möglich in den Raum fallen. Wird auch die Wandfläche in der Nähe der Fenster für Stauraum benötigt, sollten Sie sich hier für offene Regale, verglaste Oberschränke und schmale Borde, wie z. B. ein Tellerbord, entscheiden, um den spärlichen Platz an freien Wänden optimal auszunutzen. Alternativ bieten sich auch eine Hakenleiste oder ein Gittersystem an, die den Lichteinfall ebenfalls kaum beeinträchtigen.

1 Zwischen dem Kühlschrank, dem frei stehenden Tisch und der Küchenzeile entwickelt sich ein Arbeitsdreieck. Herd und Kühlgerät können nebeneinander stehen, wenn dazwischen eine gute Isolierung gelegt wird.

2 Ofen und Abzugshaube wurden hier an der Außenwand installiert. Die wichtigsten Arbeitsflächen haben durch die Fenster Tageslicht-Beleuchtung.

3 Spüle, Herd und Kühlschrank bilden die Eckpunkte dieses Arbeitsdreiecks.

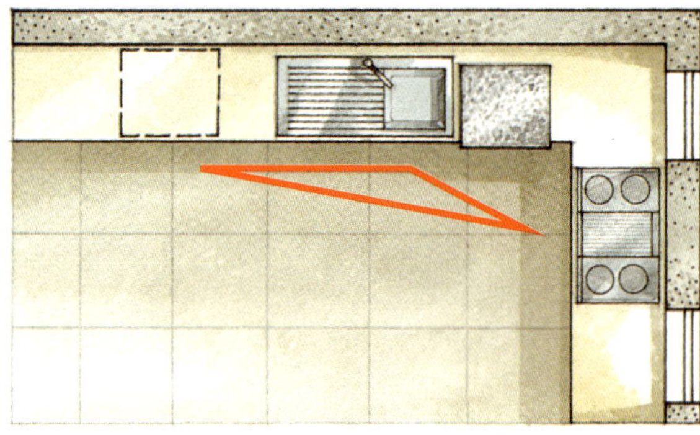

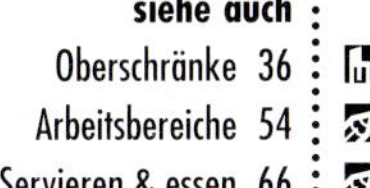

siehe auch
Oberschränke 36
Arbeitsbereiche 54
Servieren & essen 66
Beleuchtung 88

PROFI-TIPPS

❖ Ein Küchenfußboden muss langlebig sein. Im Essbereich kann ein Teppich oder eine Matte mit gummierter Rückseite die Behaglichkeit steigern.

Achten Sie darauf, dass die Beleuchtung auf die Anforderungen sowohl zum Arbeiten als auch zum Essen in der Küche optimal abgestimmt ist. Am einfachsten lässt sich das mit einem Dimmer lösen. Sie können aber auch zwei Beleuchtungssysteme installieren: das helle Arbeitslicht und eine gedämpfte, stimmungsvollere Beleuchtung für den Tisch.

Ist Platz für einen frei stehenden Tisch vorhanden, empfiehlt sich ein Modell mit Mittelfuß oder nach innen gesetzten Beinen. So hat man mehr Beinfreiheit, und auch die Stühle lassen sich besser unter den Tisch schieben.

Falls die Arbeitsplatte über den Arbeitsbereich hinaus verlängert werden kann, lässt sich hier auch eine Frühstücksbar einrichten. Stapelbare Hocker sind ein Platz sparendes Detail.

4 Das tiefe Keramikbecken in der Mitte der Arbeitsfläche ermöglicht das bequeme Waschen und Vorbereiten von Gemüse. Auch große Geschirrstapel lassen sich hier problemlos reinigen.

5 Diese Küche mit ihren geradlinigen Elementen und den glatten, pflegeleichten Fronten ist ideal für fleißige Köche. Tisch und Stühle erleichtern die Vorbereitungen, dienen aber auch als Essplatz.

4

5

U-förmige Küchen

Bei einer U-Form werden Schränke und Geräte an drei Seiten angeordnet, die vierte Seite ist offen. Diese Anordnung eignet sich für große Wohnküchen, aber auch für kleine Einbauküchen – sofern die Ecken geschickt genutzt sind.

Eine U-förmige Küche in einem Raum durchschnittlicher Größe zweckmäßig zu gestalten ist nicht schwierig, vorausgesetzt, die einzelnen Arbeitsbereiche liegen nahe genug beieinander. Im Idealfall sollte auch bei großen U-förmigen Anordnungen der Abstand der Eckpunkte im wichtigsten Arbeitsdreieck aus Spülbecken, Herd und Kühlschrank nicht mehr als 3 Meter betragen. So sparen Sie Zeit und Energie, vor allem, wenn Sie länger in der Küche arbeiten.

Setzen Sie bei der Planung Spülmaschine und Herd jeweils in die Mitte einer Arbeitsfläche. Diese Geräte sollten nicht zu nahe am Eingang oder an den Ecken liegen, um eine ungehinderte Bedienung zu ermöglichen. Der Kühlschrank ist am Ende der Küchenzeile oder in Türnähe gut platziert. So wird der Arbeitsablauf in der Küche bei einer Benutzung durch andere Personen nicht behindert. Ein spezielles Doppel-Spülbecken für eine Ecke (siehe Seite 79) kann eine zweckmäßige Lösung für eine kleine, aber funktionelle Küche in U-Form darstellen.

Platzierung von Tischen

In großen U-förmigen Küchen ist in der Mitte oft noch Platz, um einen Esstisch unterzubringen, der dennoch die Küchenarbeit nicht behindert. In kleineren Küchen, wo der Platz für einen festen Tisch nicht ausreichen würde, ist ein Klapptisch praktischer. Auch ausziehbare Tischplatten, die zwischen Unterschrank und Arbeitsplatte verschwinden, sind eine gute Lösung. Klappstühle finden in einem großen Wandschrank Platz. Stellen Sie einen Esstisch wenn möglich in die Nähe eines Fensters, damit er Tageslicht erhält. Dunkle Ecken können in U-förmigen Küchen ein Problem sein. Hier empfiehlt sich direkt von oben gerichtetes Arbeitslicht, um Schatten zu vermeiden.

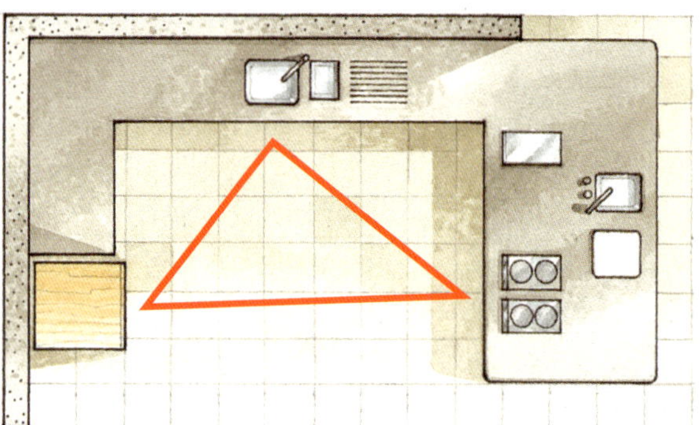

1 Die U-förmige Küche in einem großen Raum bietet zweckmäßige und großzügige Arbeitsbedingungen. In den von zwei Seiten zugänglichen Schränken ist Geschirr in günstiger Reichweite untergebracht. Das abgesenkte Kochfeld erleichtert den Überblick wie auch das Gespräch mit der Familie oder mit Gästen am Tisch.

2 Die Arbeitsplatte in doppelter Tiefe an einer Seite der Küche ermöglicht ein zweites Spülbecken zum Waschen von Zutaten. Daneben ist Platz für ein Gas- und Cerankochfeld plus Abstellfläche für Pfannen und Töpfe. Unterhalb ist reichlich Stauraum für seltener benutzte Küchengeräte entstanden, der von beiden Seiten zugänglich ist.

3 Der Grundriss der U-förmigen Küche von Bild 2 zeigt das Arbeitsdreieck zwischen dem eingebauten Kühlschrank, dem Kochfeld und dem Haupt-Spülbecken. Der Transportweg der Zutaten vom Kühlschrank zum Becken und von dort zum Herd ist jeweils nur kurz.

PROFI-TIPPS

Bei einer kleinen Küche sollten Sie über eine Falt- oder Schiebetür nachdenken. Türen, die sich in die Küche hinein öffnen, versperren den Zugang zu Schränken oder Arbeitsflächen.

Herrscht Platzmangel, empfehlen sich Kompakt-Küchengeräte (Geschirrspüler, Kühlschrank), die schmaler als die Standardgeräte sind.

Um möglichst viel Arbeitsfläche zu gewinnen, könnten Sie auch ein einfaches Spülbecken ohne Abtropffläche einbauen. Dann allerdings muss die Oberfläche der angrenzenden Arbeitsplatte aus wasserabweisendem Material sein.

Planen Sie für einen Teil der Arbeitsfläche bei U-förmigen Küche eine Absenkung. So können Sie bei schweren Arbeiten wie dem Ausrollen und Kneten von Teig oder beim Hacken von Gemüse Ihr Gewicht optimal einsetzen.

4 Vor allem schmale U-förmige Küchen sind leichter zugänglich, wenn die Enden schräg angelegt werden. Hier bildet ein offenes Weinregal den Abschluss.

5 In dieser funktionalen, kompakten Küche sorgen die schmalen Fachböden über dem Spülbecken für Bewegungsfreiheit und optimalen Lichteinfall.

6 Ein frei stehender Vorratsschrank verleiht dieser maßangefertigten Küche wohnlichen Charme. Mit der U-Form ist ein funktioneller Arbeitsbereich geschaffen, der aber zum Wohnbereich hin offen ist, sodass die Kommunikation mit Gästen möglich wird

Kücheninseln

Kücheninseln sind zum Kochen extrem praktisch, weil hier mehrere Arbeitsbereiche auf kleiner Fläche zusammengelegt sind. Ideal sind sie in größeren Räumen, sodass sich mehrere Personen hier aufhalten und mitarbeiten können.

Die einfachste Form der Kücheninsel ist ein Block als zusätzliche Arbeitsfläche. Eine Insel kann aber auch ein komplexes Gefüge aus Geräten, Stauraum und einem Belüftungssystem darstellen. In jedem Fall ist wichtig, dass Sie sich ringsum frei bewegen können, damit der Arbeitsfluss zwischen den angrenzenden Bereichen nicht unterbrochen wird.

Einer der Vorteile der Kücheninsel besteht darin, dass auch zwei Personen problemlos in der Küche arbeiten können, weil die Insel von allen Seiten zugänglich ist. Zudem kann sich der Koch dem Raum zuwenden und an einem Gespräch teilnehmen. Und unwillkürlich finden sich an der Insel auch Freunde und Gäste ein, die bei den Vorbereitungen behilflich sind.

Der Abstand zwischen der Kücheninsel und den umgebenden Schränken sollte mindestens 1,20 Meter betragen, damit sich zwei Personen bequem bewegen können. Keinesfalls sollte die Insel den Zugangsbereich in die Küche versperren. Wenn Sie auf Ihrem Weg in den Wohnbereich jedesmal die Kücheninsel umrunden müssen, stört das auf die Dauer sehr.

Platz zum Arbeiten

Es ist Ihre persönliche Entscheidung, wie Sie Küchengeräte und Stauraum in die Insel integrieren. Grundsätzlich sollte aber zwischen den wichtigsten Arbeitsbereichen genügend Platz zum Abstellen heißer Töpfe und für das Vorbereiten der Zutaten vorgesehen sein. Sinnvoll ist auch eine Abstufung der Arbeitsplatte in der Höhe, wobei eine oder zwei Flächen relativ tief liegen sollten. Hier lassen sich bestimmte Küchenarbeiten einfach besser erledigen, und Kinder, die beim Kochen oder Backen helfen wollen, freuen sich darüber.

Überlegen Sie auch, welche Materialien am besten zu Ihrem Lebens- und Kochstil passen, damit die Küchenarbeit leicht von der Hand geht. Marmor- und Granitplatten sind leicht zu reinigen und eignen sich, weil sie kühl bleiben, bestens zur Zubereitung von Fisch und Teigwaren. Edelstahl- und Terrazzo-Oberflächen sind hitzebeständig – hier lassen sich problemlos heiße Töpfe abstellen.

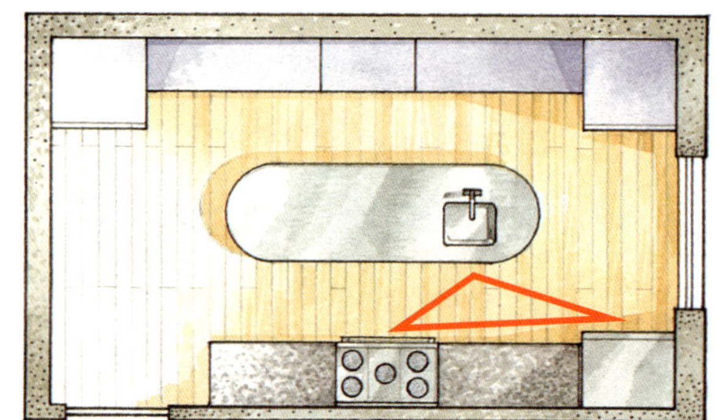

1 In dieser Kücheninsel ist ein Maximum an Stauraum integriert, sodass Untensilien zur Essenszubereitung schnell zur Hand sind. Das Hängegitter über der Insel wurde zu Gunsten der Bewegungsfreiheit etwas kleiner ausgelegt. Mit den dekorativen Küchenutensilien, die dort befestigt sind, wird es zu einem hübschen Blickfang.

2 Diese minimalistische Kücheninsel aus gebürstetem Edelstahl ist ebenso praktisch wie langlebig. Mit dem Spülbecken an einem Ende bleibt eine große Arbeitsfläche frei. Nach innen gesetzte Standsäulen ermöglichen ringsum bequemes Sitzen und Stehen.

3 In dieser Küche liegt das Arbeitsdreieck zwischen Spülbecken, Herd und dem hohen Einbau-Kühlschrank. Auf den großen Arbeitsflächen zu beiden Seiten des Kochfelds können Töpfe abgestellt und Kleingeräte postiert werden.

4 Die Insel bietet eine Arbeitsfläche aus kühlem Granit und leicht zugänglichem Stauraum für Kochbücher, frisches Obst und Gemüse und für Wein. Auf der Seite zum Wohnbereich entsteht so gleichzeitig eine optische Attraktion.

4

5 Eine Insel mit in der Höhe abgestuften Arbeitsflächen ist die ergonomische Antwort auf unterschiedliche Küchenarbeiten. Ausziehbare Weidenkörbe unterstreichen den unkomplizierten Charakter dieser Küche im ländlichen Stil.

6 Große Räume sind ideal für Kücheninseln. Hier wurde die Abzugshaube in den ehemaligen offenen Kamin eingebaut, die Insel ist in der Mitte des Raum platziert. Zusammen mit der Anordnung des Spülbeckens und den umgebenden Schränken ist effektives Arbeiten in einem großzügigen Dreieck möglich.

7 Die Insel für Vorbereitungsarbeiten fügt sich gut in diese L-förmige Familienküche ein. Eine robuste Buchenholzplatte fungiert, nur wenige Schritte von Spüle und Herd entfernt, als praktische Arbeitsfläche. An der Seitenfläche ist eine Stange für Geschirrtücher angebracht; so können Teller und Gläser schnell getrocknet werden, bevor man sie in den Unterschrank einräumt.

5

6

PROFI-TIPPS

Ist die Insel Teil eines Ess- oder Wohnraums, muss für angemessene Lüftung gesorgt sein. Werden Fett und Küchendunst direkt über dem Herd abgesaugt, verschmutzen die Möbel nicht so schnell und nehmen keinen Geruch an.

Schaffen Sie mit Farben eine optische Verbindung zwischen dem eigentlichen Küchen- und dem Wohnbereich. Textilien sollten abnehmbar und für die Waschmaschine geeignet sein. In einer kombinierten Arbeits- und Wohnküche werden Textilien durch Essens- und Getränkereste und schmutzige Hände leicht schmuddelig.

Für Geräte innerhalb der Kücheninsel müssen Strom-, Wasser- und Gasleitungen verlegt werden. Achten Sie darauf, dass alle wichtigen Bereiche leicht zugänglich sind.

7

Flexible Inseln

Flexible Inseln sind aus verschiedenen Gründen praktischer als fest eingebaute Modelle: Sie können nach Bedarf positioniert und auch gedreht werden, sodass Schubladen und Türen in die gewünschte Richtung zeigen. Der Fußboden ist besser zu reinigen und Flecken lassen sich bequemer aufwischen. Und schließlich sind sie viel preiswerter als eingebaute Inseln.

Insbesondere eignen sich die beweglichen Inseln für kleinere Küchen, weil dadurch zusätzliche Arbeitsflächen geschaffen werden. Nach Gebrauch können die Elemente unter einem Tresen verstaut oder einfach an Unterschränke oder Geräte »angebaut« werden.

Oberflächen

Die beiden beliebtesten Materialien für flexible Kücheninseln sind Edelstahl und Holz. Harthölzer wie Buche und Ahorn eignen sich besonders als Schneide- und Hackfläche. Holz nimmt jedoch leicht Gerüche an und muss deshalb nach der Benutzung gründlich gereinigt werden. Edelstahl, das vor allem in moderne Küchen passt, ist in dieser Hinsicht praktischer: Es ist hitzebeständig, rostfrei, hygienisch und abwaschbar.

1

1 Zwei rechteckige Tische aus leichten Edelstahlplatten sind hier mitten im Raum in Reichweite des Spülbeckens aufgestellt. Sie stammen aus dem Gastronomiebedarf und haben hygienische, pflegeleichte Oberflächen. Auf den Fachböden, die von allen Seiten her zugänglich sind, werden Töpfe und Kochzubehör aufbewahrt.

4 Diese große Insel wird hauptsächlich zur Zubereitung des Essens genutzt. Eine Metallschiene an den Außenkanten des Fachbodens sorgt dafür, dass Töpfe und Pfannen nicht seitlich herausfallen können, wenn die Insel gerollt wird.

2

3

2 Dieses Modell im Stil eines traditionellen Fleischerblocks hat einen Auszugkorb für frische Zutaten und eine aus Latten gebildete Abstellfläche im unteren Bereich. Der stabile Griff an der Seite kann auch als Handtuchstange benutzt werden.

3 Rundum bewegliche große Räder sorgen dafür, dass diese Insel um ihre Achse drehbar ist. Die Polyurethan-Oberflächen verhindern, dass Feuchtigkeit in die Schubladen eindringt.

4

FUNKTIONEN

Arbeitsbereiche

*Die meisten Küchenarbeiten spielen sich im Bereich von Spülbecken,
Arbeitsplatten und Herd ab. Am praktischsten ist es, die Abstände zwischen diesen
Arbeitsbereichen gering zu halten, um unnötig lange Wege zu sparen.*

1 Ordnen Sie die einzelnen Arbeitsbereiche in der Reihenfolge der Essenszubereitung an. Kochzubehör, Messer und anderes Gerät sollte man dort aufbewahren, wo es am häufigsten gebraucht wird.

Je nachdem, wie viel Zeit Sie in der Küche verbringen und wie oft Sie kochen, werden bestimmte Geräte und Utensilien größere oder kleinere Bedeutung für Sie haben. Wenn die Küche zugleich auch zum Essen dient, die Kinder dort Hausaufgaben machen oder fernsehen, müssen Sie einzelne Bereiche abgrenzen, um Konflikte zu vermeiden.

Vor allem das Spülbecken ist stark frequentiert, sei es zum Einweichen von Geschirr, zum Waschen von Obst und Gemüse, zum Füllen von Gefäßen oder zum Entfernen von Resten. Schon darum sollte die Distanz von der Vorbereitungsfläche zum Becken gering sein. Der Kühlschrank wird von der ganzen Familie benutzt: Kalte Getränke, Milch für Frühstücksflocken sowie kleine Snacks sind laufend gefragt. Stellen Sie das Gerät deshalb am besten am Eingang der Küche auf. Wenn es der Platz erlaubt, sind Kühlschubladen unter der Arbeitsfläche für Zutaten und Lebensmittel sehr praktisch.

Alles in Reichweite

Machen Sie sich für eine erfolgreiche Küchenplanung die Anforderungen in den einzelnen Bereichen bewusst. Frische Lebensmittel sollten beispielsweise nicht in den heißen, oft von Dampf gefüllten Bereichen der Küche aufbewahrt werden. Trockenzutaten gehören in luftdicht schließende Behältnisse. In schmalen Regalen und flachen Schubladen ist dafür gesorgt, dass Lebensmittel übersichtlich gelagert und verbraucht werden, ehe das Verfallsdatum überschritten ist. Haltbare Lebensmittel können auch in weniger gut zugänglichen Bereichen verstaut werden. Messer und Kochzubehör sollten dort ihren Platz finden, wo sie hauptsächlich benutzt werden. Auch Gewürze und Kräuter gehören in die Nähe des Vorbereitungsbereiches.

Arbeitsablauf

Ordnen Sie die einzelnen Arbeitsbereiche so an, dass Sie sich ganz natürlich vom Kühlschrank zum Spülbecken, dann zur Arbeitsfläche und schließlich zum Kochfeld fortbewegen. Aus Sicherheitsgründen sollten bestimmte Zonen so konzipiert werden, dass sie von anderen Personen nicht frequentiert werden müssen. Insbesondere der Bereich von Herd und Backofen, wo mit heißen Gegenständen hantiert wird, birgt Gefahren. Hier sollte eine Fläche vorgesehen werden, auf der heiße Töpfe oder Pfannen abgestellt werden können. Das ist besonders wichtig, wenn sich auch Kinder in der Küche aufhalten

2 Im geschäftigsten Bereich der Küche ist ein Doppel-Spülbecken hilfreich: In einem Becken kann man Obst, Gemüse oder Fisch waschen, das andere bleibt z. B. zum Spülen von Töpfen frei.

3 Besteck, Geschirr, Gläser und Tischwäsche sollten beim Essplatz untergebracht sein.

4 Bewahren Sie scharfe Messer in flachen Schubladen mit schmalen Einsätzen auf. Diese Anordnung ist übersichtlich, und die Messer bleiben länger scharf, wenn die Klingen sich nicht aneinander stoßen.

5 In dieser Anrichte mit offenen Fächern ist auf einen Blick alles zu finden, was zum Decken des Tischs benötigt wird.

6 Wenn es der Platz erlaubt, bewahren Sie Obst und Gemüse in einer Kühlschublade direkt unter der Arbeitsfläche auf. Zum Kompostieren organischer Abfälle sollte auch der entsprechende Behälter hier integriert werden.

1

siehe auch
Backöfen 72
Kochfelder
& Abzugshauben 74
Spülbecken
& Wasserhähne 78

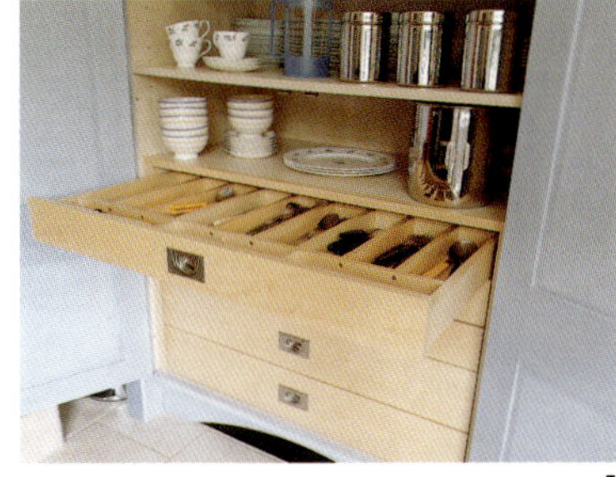

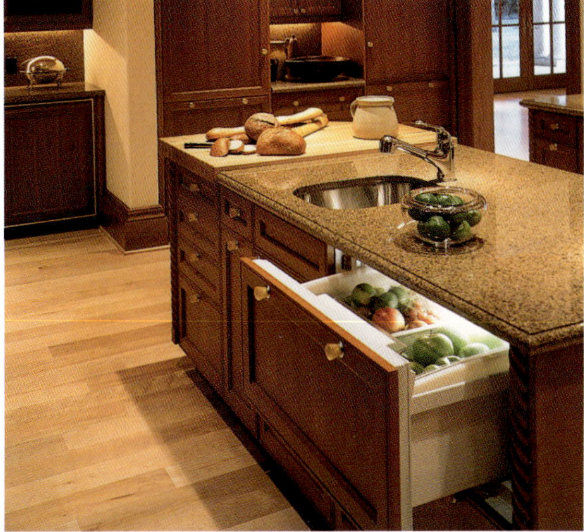

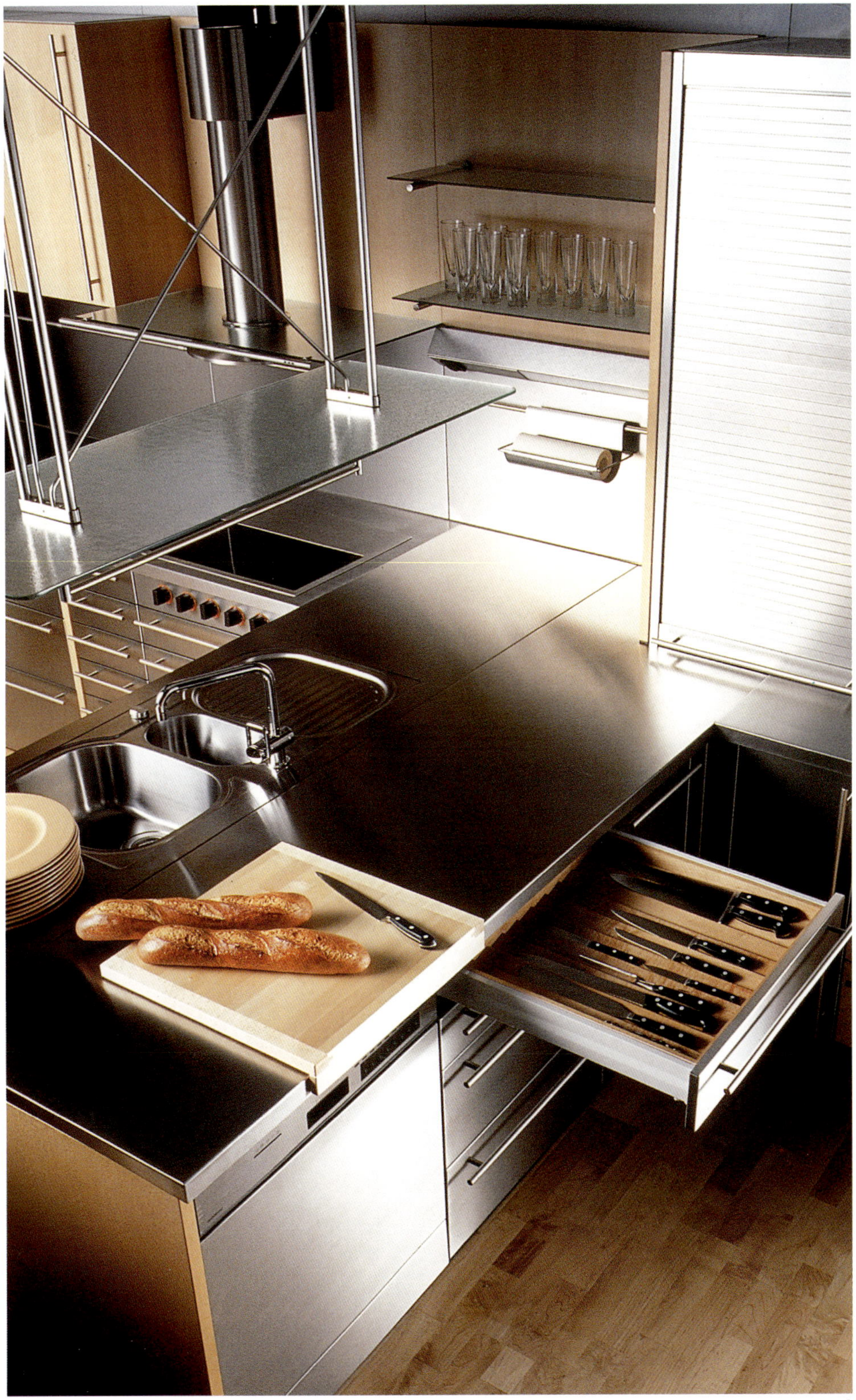

4

5

6

PROFI-TIPPS

Wenn Familienmitglieder oder Gäste gern bei den Vorbereitungen helfen, ist eine zweite Arbeitsfläche mit Spülbecken günstig. Dort kann ungehindert in sicherem Abstand zum Herd hantiert werden.

Prüfen Sie, ob sich bei Bedarf auch mehrere Schrank- oder Gerätetüren gleichzeitig öffnen lassen. Sehen Sie sich gegebenenfalls nach Schiebetüren oder Versionen um, bei denen die Scharnierseite gewechselt werden kann. Das ist auch bei einigen Elektrogeräten möglich.

Weil man in der Küche viel Zeit am Spülbecken verbringt, sollte diese entweder am Fenster liegen oder so platziert werden, dass man nicht auf eine Wand blickt. Ist das Becken dem Raum zugewandt, kann man sich während der Arbeit mit Gästen unterhalten oder auch fernsehen.

Lebensmittel lagern

Art und Volumen des benötigten Stauraums hängen vor allem von Ihren Koch- und Einkaufsgewohnheiten ab, aber auch davon, welche Lebensmittel Sie bevorzugen und für wie viele Personen Sie regelmäßig kochen.

Hohe Stapel von Konserven und Gläsern sind ebenso wie Lebensmittel, die das Verfallsdatum überschritten haben, ein Indiz dafür, dass Ihr Lagerungssystem umorganisiert werden muss. Um ein maßgeschneidertes System zu entwickeln, unterteilen Sie Ihre Vorräte zunächst in verderbliche und haltbare Produkte.

Verderbliche Lebensmittel

Frische, gekühlte und tiefgefrorene Waren sind jeweils nur kurze Zeit haltbar. Brot und Kuchen müssen in luftdichten Behältnissen aufbewahrt werden, während frisches Obst und Gemüse am besten in einem kühlen, gut belüfteten Bereich der Küche lagern. Kühlschubladen unter der Arbeitsfläche sind eine praktische Einrichtung für die Essensvorbereitung. Günstig sind auch Tiefkühlgeräte mit unterschiedlich tiefen Schubladen, in denen große und kleine Teile leicht wiederzufinden sind.

Haltbare Lebensmittel

Haltbare Lebensmittel werden am besten in ausziehbaren Vorratsschränken, auf Regalen oder in freien Küchenschränken aufbewahrt. Sorgen Sie mit Fachböden, Regalteilern, ausziehbaren Gittern und transparenten Behältern dafür, dass Sie stets den Überblick behalten. Es empfiehlt sich auch, artverwandte Produkte in Gruppen oder ähnlichen Behältnissen zusammenzustellen.

Praktische Überlegungen

Am besten zugänglich ist der Stauraum zwischen Knie- und Augenhöhe. Schwere Produkte verstauen Sie der bequemeren Entnahme wegen unter Taillenhöhe, leichtere Waren können weiter oben untergebracht werden. Falls Sie Vorräte auf schmalen Regalen lagern wollen, sollten Sie sich nach Elementen mit Schienen an der Vorderkante umsehen, damit der Inhalt der Fachböden nicht herausfällt.

1 Ausziehbare Vorratsschränke nutzen schmale Nischen optimal aus. Weil sie beidseitig offen sind, sind die Produkte jederzeit schnell zur Hand. Schwere Dinge werden am besten unten platziert, sodass sie bequem gehoben werden können.

2 Gemüse und Obst halten sich in gut belüfteten Behältnissen frisch. Eine Möglichkeit sind solche Holzschubladen mit Drahtgeflecht- oder Lochblech-Einsatz direkt unter der Arbeitsplatte.

3 Als Teil der Kücheninsel oder unter einer zusätzlichen Arbeitsplatte kann ein zweiter Kühlschrank nützlich sein. Kühlgeräte oder -schubladen machen überall dort Sinn, wo Lebensmittel gebraucht und zubereitet werden.

5 In modernen Wohnungen sind begehbare Speisekammern selten, doch ein Hochschrank ist eine gute Alternative. Er bietet Platz für eine Vielzahl frischer wie haltbarer Lebensmittel. Ausziehbare Fachböden oder Körbe sorgen für Übersicht. Wählen Sie einen Vorratsschrank mit herausnehmbarer Inneneinrichtung, damit die Reinigung leichter fällt.

4 Weil gekühlte und tiefgefrorene Lebensmittel sofort nach dem Einkauf wieder eingeräumt werden müssen, sollte in der Nähe von Kühlschrank und Tiefkühlgerät eine Abstellfläche für Kisten oder Taschen eingeplant sein. Kühlgeräte, deren Lüftungsschlitze an der Frontseite liegen, können bis an die Wand geschoben werden. So sammelt sich dahinter weniger Staub an.

PROFI-TIPPS

Achten Sie darauf, dass die Fachböden in Regalen und Schränken verstellbar sind, sodass Flaschen oder hohe Cornflakes-Kartons ebenso gut unterzubringen sind wie Dosen, Gläser und kleine Packungen.

Interessante Trockenzutaten oder Gläser und Flaschen mit attraktivem Inhalt können auch dekorative Funktion in der Küche haben. Durch Dämpfe, Fett und Lichteinfall verkürzt sich jedoch ihre Haltbarkeit. Daher sollten sie regelmäßig verbraucht und ersetzt bzw. – wenn es sich um reine Ausstellungsstücke handelt – gelegentlich gereinigt werden.

Olivenöl, Gebäck, Teigwaren werden am besten bei Raumtemperatur aufbewahrt. Solche Lebensmittel stets gut abdecken oder verschließen und in einer Schublade oder einem Schrank mit guter Durchlüftung lagern.

Sehen Sie Ihren Lebensmittelbestand regelmäßig durch und prüfen Sie die Verfallsdaten. Ältere Vorräte nach vorn stellen, damit sie vorrangig verbraucht werden.

6 In dieser Küche bildet der frei stehende Vorratsschrank einen attraktiven Blickfang. Verstellbare Fachböden unterschiedlicher Tiefe sorgen dafür, dass diverse Lebensmittel übersichtlich verstaut werden können.

Geschirr & Utensilien

*In den meisten Küchen sind zahlreiche Gerätschaften unterzubringen.
Für permanent Gebrauchtes reservieren Sie die besten Plätze. Spezielles Zubehör
wird so verstaut, dass es im täglichen Küchengeschehen nicht hinderlich ist.*

Die besten Stauräume sind leicht zugänglich. Sie liegen etwa zwischen Knie- und Augenhöhe. Töpfe, große Schüsseln und alle Utensilien, die Sie mindestens einmal täglich benutzen, sollten so untergebracht werden, dass Sie sie herausnehmen können, ohne sich strecken oder bücken zu müssen. Große, schwere Pfannen stehen am besten in einem Schrank unter der Arbeitsfläche, sodass das Heben kein Problem darstellt. Eckschränke sind oft problematisch, doch dreh- oder ausziehbare Inneneinrichtungen sorgen auch hier für Übersicht und leichten Zugang. Empfindliche Oberflächen von Töpfen und Pfannen – wie z. B. Anti-Haft-Beschichtungen, gerillte Flächen oder Kupfer – können leiden, wenn Sie die Teile ineinander stapeln. Sie werden besser nebeneinander auf Gittern in tiefen Regalen untergebracht.

Auch Gerätschaften, die über der Arbeitsfläche an einem Gitter aufgehängt werden, sind praktisch zu handhaben, ohne im Weg zu sein. Grundsätzlich sollten Sie die Utensilien, die in den verschiedenen Arbeitsbereichen benötigt werden, in praktischer Reichweite zu diesen Flächen unterbringen.

Um einige dekorative Dinge ohne großen Reinigungsaufwand sichtbar zu präsentieren, bietet sich ein Oberschrank mit klaren oder leicht strukturierten Glasfronten an. Unterteilungen und Fächer sorgen für Übersicht und Ordnung – sowohl im Bereich der funktionellen wie dekorativen Utensilien. Das hat zudem den Vorteil, dass die einzelnen Teile nicht aneinander stoßen und herauszunehmen sind, ohne dass andere Stücke erst weggeräumt werden müssen.

Ausstellen oder verstecken?
Utensilien aus Kupfer oder Edelstahl sehen schlicht und zweckmäßig aus und können in einer Küche durchaus dekorativ wirken. Wählen Sie aber sorgfältig aus, was Sie zeigen möchten und verstauen Sie angeschlagene, abgenutzte oder angelaufene Gerätschaften besser außer Sicht. Auch regelmäßige Reinigung ist notwendig, sonst werden die Ausstellungsstücke durch Staub und andere Ablagerungen bald unansehnlich.

Schneller Zugriff
Das Geheimnis einer zweckmäßigen Unterbringung besteht darin, die Größe und Höhe von Fächern so zu planen, dass alles sinnvoll geordnet und leicht zu finden ist. Einfache Lösungen sind oft die besten, etwa ein Messerblock oder eine magnetische Messerleiste an der Wand.

1 Nutzen Sie jeden Zentimeter Platz aus und denken Sie dabei auch an die schwierigen Winkel. Dieses zweiteilige, herausziehbare Element bietet im vorderen Teil Platz für häufig benutzte Dinge. Im hinteren Schrankbereich, der durch seitliches Herausdrehen des Vorderteils zugänglich wird, sind selten benötigte Utensilien untergebracht.

2 Der Raum oberhalb der Kopfhöhe bleibt häufig ungenutzt. Ein hängendes Gitter oder Regal schafft Platz für Töpfe, diverse Gerätschaften, Gewürze und andere Dinge, die zum Gebrauch über der Arbeitsfläche oder Kücheninsel aufgehängt werden.

3 Schwere, unhandliche Töpfe sollten in stabilen Schubladen mit leicht gängigen Zügen verstaut werden. Die niedrigen Seitenelemente der Schubladen erleichtern das Anheben und Herausnehmen der Töpfe.

PROFI-TIPPS

▤ Wenn Sie Töpfe an einer Hängevorrichtung befestigen wollen, wählen Sie ein Gitter-Modell und eine Schublade zum Unterbringen der zugehörigen Deckel.

▤ In der Nähe des Kochfeldes ist eine Reihe von Schubladen in verschiedenen Tiefen sinnvoll, in denen Töpfe, Pfannen, Messer und Küchenhandschuhe griffbereit aufbewahrt werden können.

▦ Selbst saubere Pfannen hinterlassen auf den Fach- oder Schubladenböden Spuren. Verwenden Sie daher als Einlage Laminat oder andere abwaschbare Materialien, die sich leicht reinigen lassen.

▦ Legen Sie die Regale für Geschirr und Glas eventuell mit dickem Vlies aus. Das fängt Stöße ab und lässt sich leicht auswechseln, wenn es unansehnlich wird.

siehe auch
Oberschränke 36
Unterschränke 38
Arbeitsbereiche 54
Schrankfronten 94

4 Ein deckenhoher Schrank bietet mehr Stauraum als eine Kombination aus Unter- und Hängeschrank in der gleichen Breite, weil auch der Freiraum oberhalb der Arbeitsfläche genutzt werden kann.

A In kleinen Einzelfächern kommen dekorative Sammelstücke besser zur Geltung.

B Die leichten, aber stabilen Metalleinsätze sind verstellbar und lassen sich zum Reinigen herausnehmen. Die Gitterstruktur sorgt für eine bessere Beleuchtung auch dunkler Ecken.

C Mit einer erhöhten Vorderkante wird verhindert, dass Gegenstände aus dem Regal fallen oder herunter gestoßen werden.

D Eine tiefe Platte ist praktisch zum Abstellen des Geschirrs, das auf dem Tisch aufgedeckt werden soll. Auch eine Obstschale oder der Brotkasten können hier Platz finden.

E Nicht ganz so ordentliche Geschirrstapel und andere Utensilien verschwinden hinter Milchglas-Schiebetüren.

F Die verglasten Schubladenfronten passen sich dem Stil der Schiebetüren an. Außerdem fällt Licht in das Innere.

Schneiden, waschen, mixen

Für die tägliche Küchenarbeit, die oft mehrere Arbeitsgänge gleichzeitig umfasst, braucht man gut durchdachte Arbeitsflächen in praktischer Nähe zum Spülbecken. Wählen Sie widerstandsfähiges Material für die Arbeitsplatten mit einem integrierten oder separaten Schneidebrett aus Holz, das auch stärkste Beanspruchung verkraftet.

Planen Sie eine lange, freie Arbeitsfläche zum Schneiden, Mixen und für die anderen Essensvorbereitungen ein. Im Idealfall liegt diese Fläche zwischen Herd und Spülbecken. Herd und andere Geräte sollten nicht in den Ecken der Küche platziert werden, da hier die Bewegungsfreiheit eingeschränkt wird. Sorgen Sie für Freiflächen zu beiden Seiten, damit heiße Töpfe neben dem Herd abgestellt werden können und nasses Geschirr neben dem Spülbecken abtropfen kann.

Unabhängig davon, ob Sie zum Schneiden von Zutaten Holz- oder bunte Kunststoffbretter bevorzugen – wichtig ist, dass die Bretter auf oder nahe der Arbeitsplatte aufbewahrt werden können und leicht zu reinigen sind. Sie sollten keine Fugen oder Stufen haben, in denen sich Schmutz und Krümel sammeln.

Professioneller Standard

Begeisterte Köche, die viel Zeit in der Küche verbringen, haben gern für jede Aufgabe das passende hochwertige Gerät oder Werkzeug zur Hand. In diesem Fall muss für reichlich Stauraum gesorgt sein, damit die Gerätschaften nicht auf der Arbeitsfläche im Weg stehen, wenn sie nicht benutzt werden.

Bedenken Sie auch die Vorteile einer eingebauten Marmorplatte zum Ausrollen von Teigwaren sowie eines Küchenblocks zum Schneiden und Hacken von Fleisch. Sind solche Elemente fest in die Arbeitsfläche integriert, erübrigen sich zusätzliche Bretter. Edelstahl ist ein langlebiges, hygienisches und vielseitiges Material, das nicht umsonst für Profi-Küchen bevorzugt wird. Aus diesem Material kann eine lange, durchgehende Arbeitsfläche angelegt werden, in die Spülbecken und Spritzschutz an der Rückwand integriert sind.

1 Dieser originale Fleischerblock hat ideale Taillenhöhe zum Schneiden und Hacken. Die Holzplatte ist robust und langlebig, außerdem verhindert sie, dass Messer schnell stumpf werden oder beim Schneiden wegrutschen.

PROFI-TIPPS

▨ Die Arbeitsfläche sollte zwischen Spülbecken und Kochfeld liegen, damit ein durchgängiger Arbeitsablauf – Waschen, Vorbereiten, Kochen – gewährleistet ist.

▨ Schatten auf Spülbecken, Arbeitsfläche und Herd sollten vermieden werden. Ideal sind Lichtquellen, die unter den Hängeschränken angebracht werden.

▤ Nutzen Sie auch die Spritzwand hinter der Arbeitsfläche für flache Regale oder Gitter zum Aufbewahren kleiner Küchenutensilien.

2 Mit »Garagen« für Küchengeräte nutzen Sie den Raum zwischen Arbeitsfläche und Oberschränken optimal aus, und häufig benutzte Geräte sind griffbereit zur Hand. Damit die Geräte an Ort und Stelle eingesetzt werden können, sollte im Inneren mindestens eine Steckdose vorhanden sein.

3 Diese leicht abgesenkte, glatte Arbeitsfläche aus Edelstahl ist praktisch und pflegleicht konzipiert. Hier können frische Zutaten gewaschen und vorbereitet werden, Gemüseabfälle verschwinden durch die Klappe im direkt darunter eingebauten Container.

A Verwenden Sie für die Spritzwand Fliesen, Naturstein oder Laminatplatten, die auch gescheuert werden können.

B Das Gitterregal schafft Platz zum Abstellen und Aufhängen von kleinen Utensilien. Solche Regale müssen schmal sein, damit die Bewegungsfreiheit in Kopfhöhe nicht beeinträchtigt wird.

C Die ausziehbare Brause macht das Waschen von Zutaten noch leichter.

D Ein hoch gezogener Spülbeckenrand ist leicht zu reinigen. Hier gibt es keine Fugen, in denen sich Reste und Schmutz sammeln, und das Wasser fließt zurück ins Spülbecken.

E Mit einem passenden Schneidebrett aus Holz oder Kunststoff verwandelt sich das Spülbecken in eine zusätzliche Arbeitsfläche.

Kochen

Ein Kochfeld muss für verschiedene Topf- und Pfannengrößen und Zubereitungsarten geeignet sein – vom langsamen Dünsten bis hin zum schnellen Braten. Im Idealfall liegt es in der Nähe des Spülbeckens, in einer Höhe, die bequeme Einsicht in die Töpfe ermöglicht.

Den Herd an einer Außenwand zu platzieren ist die praktischste und gebräuchlichste Variante. Wenn die Schränke und Einbauten an den Außenwänden entlang positioniert werden, etwa in einer einzeiligen, einer L- oder U-förmigen Küche, folgt auch der Herd diesem Schema. Mit Wücheninseln oder Verlängerungselementen wird es möglich, dass der Koch sich dem Raum zuwenden kann, statt gegen eine Wand zu sehen.

Manche Kochfelder verfügen über eine integrierte Abstellfläche. Andernfalls sollten Sie eine solche Fläche neben dem Herd einplanen. Achten Sie darauf, dass diese Oberfläche hitzebeständig ist oder stellen Sie in diesem Bereich zwei oder drei Untersetzer auf.

Die ideale Höhe

Ein ideales Kochfeld ist knapp taillenhoch. So kann man auch schwere Töpfe und Pfannen heben, ohne den Rücken zu strapazieren. Weil diese Idealhöhe niedriger ist als die übliche Arbeitsplattenhöhe, sollten die Seitenflächen der angrenzenden Schränke vor Dampf, Hitze und Fettspritzern geschützt werden.

Günstig sind, vor allem bei abgesenkten Kochfeldern, an der Oberfläche liegende Schaltknöpfe, die im Stehen bequem zu sehen sind. Der Spritzschutz und die Arbeitsflächen beidseits des Kochfeldes müssen besonders strapazierfähig sein. Wählen Sie glatte, fugenlose Oberflächen, die bei Bedarf auch einmal gescheuert werden können.

Frisch und sauber

Schnell bilden Dampf, Staub und Fett auf den Oberflächen einen klebrigen Film. Deshalb ist ein gutes Lüftungssystem wichtig, damit die Luft frisch und sauber bleibt. Wählen Sie eine Abzugshaube mit hoher Leistung und geringer Geräuschentwicklung. Achten Sie beim Kauf vor allem auf die Werte für Luftdurchsatz, meist gemessen in m³/min = Kubikmeter pro Minute, und Geräusch, in dB = Dezibel.

 Abzugshauben mit integrierter Beleuchtung sind eine praktische Kombination zweier nützlicher Elemente: Sie sorgen für gute Belüftung und helles Arbeitslicht beim Kochen am Herd.

Die ideale Höhe für ein Kochfeld liegt 10 bis 17,5 cm unter Ellenbogenhöhe.

Wenn Sie Töpfe aus Gusseisen benutzen, wählen Sie ein Kochfeld mit durchgehender Oberfläche, auf denen das Verschieben des schweren Kochgeschirrs leichter fällt.

Praktisch sind flache, ausziehbare Abzugshauben, die unter einem Hängeschrank montiert sind und nur bei Bedarf herausgezogen werden.

Für Kücheninseln ist ein leistungsfähiges Abluftsystem notwendig, das stark genug ist, um den Dunst abzusaugen und über ein längeres System durch den Raum ins Freie zu transportieren. Je kürzer die Leitungswege, umso effizienter arbeitet das Abzugssystem. Am zuverlässigsten sind Modelle für den Gastronomiebedarf.

1 Dampf und Kondenswasser können in der Küche ein Problem darstellen. Installieren Sie eine Abzugshaube, die Ihr Abluft-Aufkommen bewältigt und dabei so leise läuft, dass man sich in normaler Lautstärke unterhalten kann.

2 Mit erhöhten Wänden zu Seiten des Kochfelds können Töpfe und Pfannen nicht herunterfallen. Außerdem schützen sie die umliegenden Schränke vor Fett und Spritzern.

3 Zwei Gas-Doppelbrenner rechts und links von einer großen Metallplatte, die sich auch zum Warmhalten von Fleisch und Gemüse eignet. Die große, leistungsstarke Abzugshaube deckt den gesamten Arbeitsbereich ab, sodass Kochdünste und Fett schnell und wirkungsvoll abgesaugt werden.

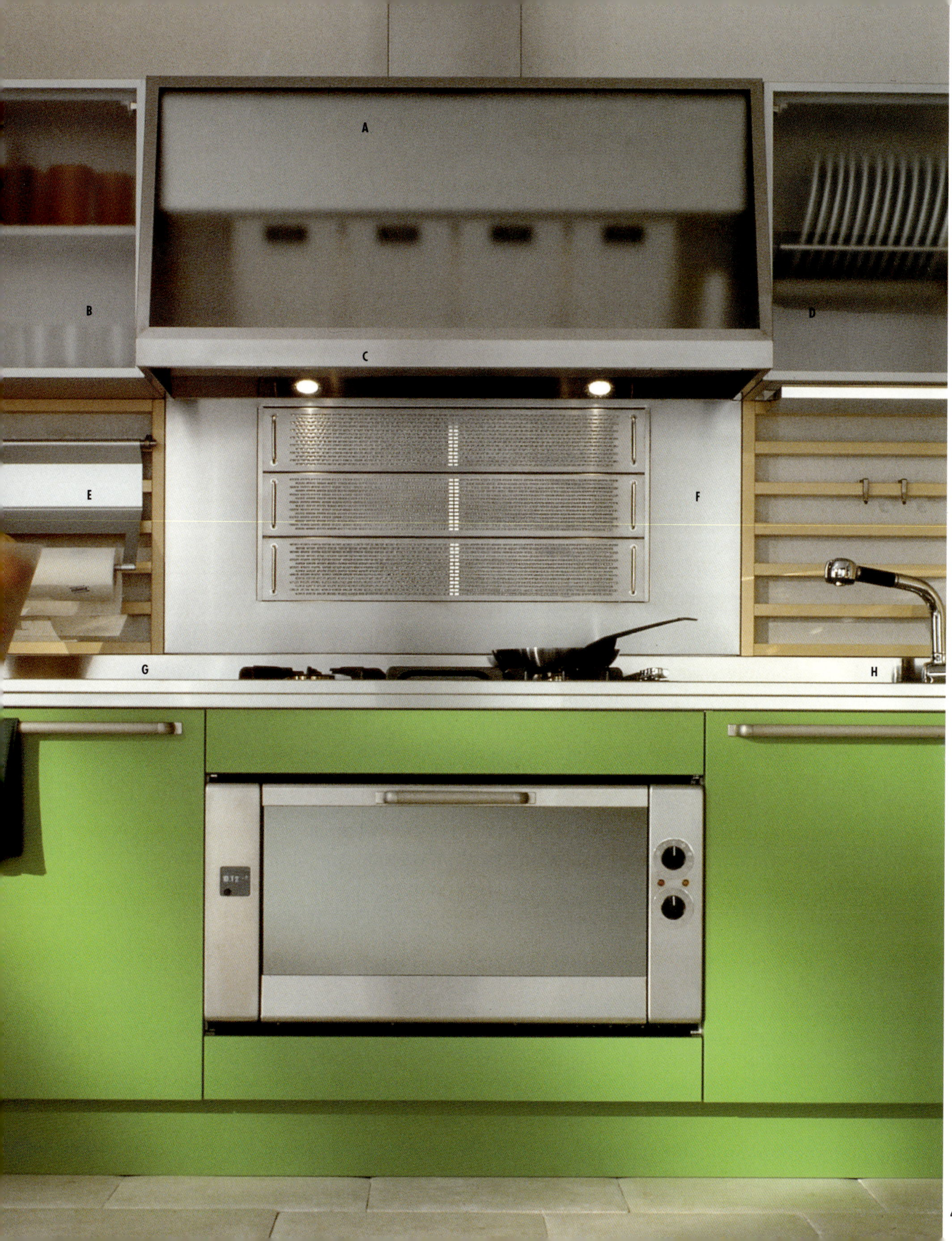

siehe auch
Kücheninseln 50
Arbeitsbereiche 54
Backöfen 72
Kochfelder
& Abzugshauben 74
Arbeitsplatten 92

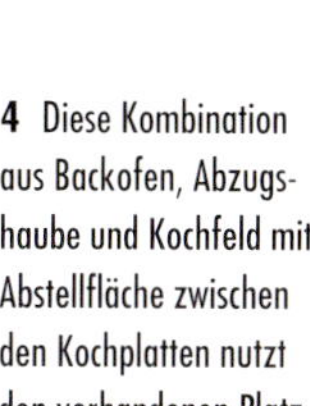

4 Diese Kombination aus Backofen, Abzugshaube und Kochfeld mit Abstellfläche zwischen den Kochplatten nutzt den vorhandenen Platz optimal aus.

A Die Lüftung ist verkleidet, zur Wartung aber leicht zugänglich.

B Hinter Milchglastüren sind viele Dinge gut verstaut und trotzdem in Reichweite .

C Eingebaute Strahler unter der Haube sorgen für gute Beleuchtung des Arbeitsbereichs.

D Auf dem höhenverstellbaren Tellerregal können Teller und Schüsseln vorgewärmt werden.

E Folie und Küchenrolle sind griffbereit mit einer praktischen Aufhängung an der Wand untergebracht.

F Durch die Lüftungsgitter in der Rückwand werden die Kochdünste schnell und gründlich abgesaugt.

G Die freie Fläche neben dem Kochfeld wird als zusätzlicher Arbeitsbereich genutzt.

H Das Spülbecken ist neben dem Herd platziert. So können schwere Töpfe und Pfannen auf kürzestem Weg zum Einweichen abgestellt werden.

4

Backen & braten

Kochfeld und Backofen zu trennen, hat den Vorteil, dass beide Elemente exakt auf die individuellen Bedürfnisse und die jeweils bevorzugte Energieart zugeschnitten werden können. Standard ist jedoch ein klassisches Kombigerät.

Es gibt zwei Typen von Backöfen: frei stehende Wandöfen und Einbauöfen, die unter einer Platte aufgestellt werden. Diese können unter dem Kochfeld oder auch an anderer Stelle platziert werden, sodass Kochfeld und Ofen unabhängig voneinander zu benutzen sind. Meist werden Backöfen mit Gas oder Strom betrieben. Öl und Festbrennstoffe sind weniger beliebt, weil sie Schmutz verursachen und Platz zum Lagern der Brennstoffe benötigt wird. Überlegen Sie, wie Sie kochen, und wählen Sie dann den passenden Backofen.

Kochen für die Familie

Wenn Sie für die Familie kochen, sind Fassungsvolumen und Flexibilität die wesentlichen Faktoren. Sind zwei Backöfen vorhanden, können auch Gerichte, die unterschiedliche Temperaturen oder Garzeiten benötigen, parellel zubereitet werden. Hochwertige Gastronomie-Öfen benötigen viel Platz und sind teuer, haben jedoch kraftvolle Brenner und einen besonders großen Garraum.

Berufstätige

Wenn Sie tagsüber nicht zu Hause sind, kann eine Zeitschaltuhr dafür sorgen, dass bei Ihrer Rückkehr das Essen fertig ist. Mikrowellengeräte mit eingebautem Grill sind praktisch, wenn Sie zu unregelmäßigen Zeiten nach Hause kommen. Selbst reinigende Geräte sind von unschätzbarem Wert, wenn Sie weder die Zeit noch die Absicht haben, das Brat- und Backrohr regelmäßig zu reinigen.

Praktische Extras

Kaufen Sie einen Backofen niemals nur nach Optik. Überdenken Sie Ihre Bedürfnisse und wählen Sie ein Gerät, das diesen so weit wie möglich entgegenkommt. Isolierte Fronten schützen Hände und Arme vor Verbrennungen. Gasbetriebene Backöfen mit elektronischer Zündung sind sinnvoller als solche mit Zündflamme. Schalter, die auf Fingerdruck reagieren, sind ideal für Menschen mit Behinderungen. Backöfen mit zwei Heizkreisen erzeugen gleichmäßige Wärme durch automatisches Umschalten zwischen Ober- und Unterhitze. In Umluft-Backöfen wird heiße Luft umgewälzt, sodass das Gargut gleichmäßig gart und bräunt. In Dampf-Backöfen bleibt Fleisch auch ohne Zugabe von Fett saftig. Auch andere Lebensmittel trocknen nicht aus, Brot und Pizza jedoch gelingen mit herrlicher Kruste.

PROFI-TIPPS

Nach unten klappende Ofentüren sind praktisch zum vorübergehenden Abstellen von heißen Gefäßen.

Vermeiden Sie Geräte mit zahlreichen Details. Je weniger Knöpfe, Fugen oder Vertiefungen vorhanden sind, um so leichter lässt sich der Ofen sauber halten.

Prüfen Sie das Fassungsvermögen. Die Isolierschicht von Einbauöfen oder selbst reinigenden Geräten kann zu Lasten des Garraums gehen.

Digitale Temperaturanzeigen erleichtern die Kontrolle. Sinnvoll ist auch eine Anzeige, die signalisiert, wann beim Vorheizen die gewünschte Temperatur erreicht ist.

Wenn Sie einen gusseisernen Herd oder Ofen einbauen wollen, prüfen Sie, ob der Fußboden die notwendige Tragfähigkeit besitzt.

1 Eine Kombination aus Einbauofen und Halogen-Herd ist kompakt und vielseitig. Auf der geöffneten Ofenklappe können vorübergehend heiße Gefäße abgestellt werden, und das Keramik-Kochfeld ist bei Bedarf auch als Arbeitsfläche zu nutzen.

2 Große Herde sind sinnvoll für Familien und Profi-Köche. Hier schützt eine Spritzschutzwand aus Edelstahl die Mauer hinter dem Herd. Die Abzugshaube ist so leistungsstark dimensioniert, dass alle Dämpfe abgesaugt werden.

3 Kombinierte Standardgeräte sind leichter zu installieren als eingebaute Backöfen. Die Schalter sind praktisch angeordnet, und mit der Beleuchtung im Inneren ist es möglich, den Garvorgang zu beobachten, ohne die Tür zu öffnen.

4 Gusseiserne Küchenherde, wie der Aga, sind teuer, aber bleiben einem ein Leben lang erhalten. Sie sind problemlos auch 24 Stunden am Tag in Betrieb, bieten sämtliche Koch- und Backmethoden und fungieren außerdem noch als Heizung für die Küche.

5 Um Platz zu sparen, könnten Sie statt zwei konventioneller Öfen auch ein Kombigerät mit Mikrowelle einbauen, in dem die Speisen schneller garen, aber trotzdem braun und knusprig werden.

6 Je nach Menge und Art der zubereiteten Speisen können Doppel-Backöfen separat oder gekoppelt betrieben werden. Etwa in Taillenhöhe eingebaut lassen sich die jeweiligen Behältnisse leicht einschieben und herausheben. Die Schaltelemente liegen benutzerfreundlich in Augenhöhe.

7 Wenn Sie nur selten kochen, ist ein Mikrowellen-Kombigerät, das unter der Arbeitsfläche eingebaut wird, meist ausreichend. Mit Extras wie einem Drehteller, Wärmesensor und Innenbeleuchtung gelingen damit schnelle und köstliche Gerichte.

Servieren & essen

In Küchen, die zugleich Esszimmer sind, herrscht immer Leben, weil man ganz selbstverständlich hier zusammenkommt. Planen Sie den Essbereich so, dass er praktisch und bequem ist, aber die jeweiligen Arbeitszonen nicht beeinträchtigt.

Tisch und Stühle für die Küche sollten schlicht sein. Die Stühle sollten sich leicht abwischen lassen, und die Tischplatte muss robust genug sein, um die unvermeidlichen Unfälle zu verkraften. Ausladende Beine können in kleinen Küchen gefährliche Stolperfallen sein. Tische mit Mittelfuß und Bänke lösen dieses Problem, außerdem bieten sie den Vorteil, dass bei improvisierten Mahlzeiten auch einmal mehr Personen untergebracht werden können. Klapp- oder Stapelstühle, die schnell zu verstauen sind, empfehlen sich, wenn der Platz knapp ist.

Die beste Perspektive

Wenn Sie es nicht mögen, dass andere Ihnen beim Kochen zusehen, kann ein Teil der Küche vom Essplatz abgeschirmt werden. Steht der Tisch vor einer nackten Wand, wird man sich automatisch einem interessanteren Anblick zuwenden. Ein Schrank mit Glastüren und einer Sammlung edler Gläser, ein großes Bild oder ein paar hübsche Kinderzeichnungen können dann einen guten Blickfang bilden. Auch eine weit geöffnete Terrassentür oder ein großes Fenster öffen den Blick nach draußen, und im Winter kann die Aussicht durch eine geschickt platzierte Beleuchtung von Pflanzen oder anderen Objekten attraktiv gestaltet werden.

Das Herz des Hauses

Es ist gemütlich, wenn sich Freunde und Familie in der Küche versammeln. Die Aufteilung sollte aber so geplant sein, dass Sie gleichzeitig kochen und sich unterhalten können. Ein Frühstückstresen oder eine Kücheninsel bietet sich als zusätzliche Arbeitsfläche an; dort können andere bequem sitzen und Ihnen gleichzeitig zur Hand gehen.

Warm und hell

Eine warme Küche kann im Winter wunderbar gemütlich sein, an heißen Tagen aber eher unangenehm. Planen Sie Esstisch oder Tresen in einigem Abstand vom Herd. Ein Heizkörper kann bei Bedarf für Wärme sorgen. Im Sommer dagegen ist ein Ventilator angenehm, der einen frischen, kühlen Luftzug produziert. Zum Arbeiten ist eine gute Beleuchtung notwendig, damit die jeweiligen Tätigkeiten sicher und effizient ausgeführt werden können. Im Essbereich hingegen ist gedämpftes, warmes Licht angenehmer. Am besten erfüllen Sie diese unterschiedlichen Anforderungen mit einem variablen System, z. B. mit Dimmer, das nach Wunsch eingestellt werden kann.

1 In einer einzeiligen Küche lässt sich an einer vergrößerten Arbeitsfläche ein Essplatz einrichten. Barhocker mit gepolsterten Sitzen und Querstreben für die Füße sorgen für Bequemlichkeit.

2 Diese Kücheninsel mit Frühstückstresen kombiniert Stauraum, Arbeits- und Essbereich auf kleiner Fläche. Die Hocker sind der Küche zugewandt, sodass Familienmitglieder oder Freunde helfen können, ohne hinderlich zu sein.

3 Diese große Küche in einer umgebauten Scheune wird durch den offenen Kamin in zwei Bereiche unterteilt. Das Essen wird an der Insel mit verschiedenen Arbeitshöhen vorbereitet, die täglichen Mahlzeiten finden an dem Tisch im hinteren Teil des Raumes statt.

4 Runde Tische sorgen für Bewegungsfreiheit an umliegenden Arbeitsflächen. An kleinen Tischen können vier, notfalls auch sechs Personen Platz nehmen.

5 In kleinen Küchen fehlt oft der Platz für einen festen Esstisch. Dann sind Klapptische eine preiswerte Lösung für zwanglose Mahlzeiten. Mit Klapp- oder Stapelstühlen, die schnell verräumt sind, spart man zusätzlich Fläche.

Küchenmöbel

Nicht in jeder Küche ist Platz vorhanden für einen separaten Tisch mit Stühlen. Mit Klapp- und Stapelstühlen kann man jedoch im Handumdrehen flexible Sitzgelegenheiten schaffen. Eine schmale Frühstücksbar, in der auch Kleingeräte untergebracht werden können, hat doppelten Nutzen als Arbeits- und Essplatz. Die Geräte werden unsichtbar verstaut, wenn sie nicht benutzt werden. So bleibt die Fläche zum Servieren und Essen frei. Kleinkinder, die an den Mahlzeiten teilnehmen, haben besondere Bedürfnisse. Tisch und Stühle in Standardhöhe sind für sie ungeeignet, doch in speziellen Hochstühlen sitzen sie sicher, können beim Essen zusehen und dabei von anderen Familienmitgliedern lernen.

4

6 Dieser runde Klapptisch hat stabile Metallbeine und eine robuste Platte, die sich leicht abwischen lässt. Der Tisch ist schnell in einem Schrank verstaut und daher eine gute Wahl für kleine Küchen.

7 Mit etwas Abstand vom heißen Kochbereich und den Küchengeräuschen kann man sich angenehmer unterhalten. Steht der Esstisch jedoch nicht ganz separat, können hier Kinder sitzen und dabei gut beaufsichtigt werden.

6

7

PROFI-TIPPS

☐ Sitzkissen mit waschbaren Bezügen sind praktisch und bequem und setzen in schlichten Küchen Farbakzente. Binden Sie sie mit Schleifen an den Stühlen fest, damit sie beim Aufstehen nicht herunterfallen.

☐ Barhocker brauchen viel weniger Platz als Stühle, doch sind auf Dauer unbequem. Entscheiden Sie sich hier für Modelle mit Fußstützen und Rückenlehne.

☐ Arbeitsplatten, die auch als Essplatz fungieren, sollten abgerundete Ecken und Kanten haben.

☐ Halten Sie genügend hitzebeständige Untersetzer bereit, damit heiße Töpfe und Auflaufformen direkt vom Herd auf den Tisch gestellt werden können.

☐ Planen Sie in der Nähe des Essplatzes einen Schrank für Gläser, Teller und Besteck ein.

5

Wäsche & Putzmittel

In kleinen Wohnungen ist nicht immer ein separater Raum für Wäsche, Putzmittel u. Ä. vorhanden. Sorgen Sie gegebenenfalls für eine Gruppierung all dieser Utensilien in der Küche – und zwar mit Abstand zum Vorbereitungs- und Kochbereich.

Waschmaschinen mit integrierter Trocknerfunktion sind ideal für kleine Küchen. Allerdings kann das Schleudergeräusch unangenehm sein. Wenn es der Platz erlaubt, lässt sich der Wäschebereich durch einen Raumteiler oder eine Schiebetür abtrennen. Denken Sie an einen ausreichend großen Schrank für Bügelbrett, Staubsauger und Besen. Die Inneneinrichtung sollte so ausgelegt sein, dass beim Öffnen der Tür nichts herausfällt.

Raumaufteilung

Schon aus hygienischen Gründen sollten Waschmaschine und Trockner mit Abstand zum Herd und Vorbereitungsbereich aufgestellt werden. Am besten werden solche Geräte außerhalb des Arbeitsdreiecks postiert, etwa am Ende einer Küchenzeile. Alle Geräte, die einen Wasseranschluss brauchen, sollten an einer Wand liegen. In der Nähe sollte auch Platz für Reinigungsmittel und Putzutensilien eingeplant werden. Ideal ist ein Schrank zwischen Spüle und Waschmaschine, der von beiden Arbeitsplätzen aus gut erreichbar ist. Wenn Sie keinen Kondensations-Trockner besitzen, ist eine gute Belüftung wichtig, um große Feuchtigkeit in der Küche zu vermeiden. Günstig ist es, einen Ablufttrockner an einer Außenwand aufzustellen, sodass nur ein kurzes Rohr nach draußen verlegt werden muss, durch das der Dampf entweicht. Dampf, der auf porösen Flächen kondensiert, kann Schäden anrichten. Wählen Sie deshalb Arbeitsplatten aus Materialien, die in feuchtwarmer Luft nicht aufquellen. Zu den Schränken neben der Waschmaschine oder dem Trockner sollte aufgrund der Vibration ein geringer Abstand bleiben.

siehe auch
Entwurf 34
Unterschränke 38
Waschmaschinen & Trockner 81

1 Weil kurze Leitungen Kosten sparen, liegt hier die Waschmaschine gleich neben der Spüle, aber außerhalb des Arbeitsdreiecks. Sie verschwindet hinter einer Dekortür.

2 Dieser Hochschrank ist so aufgeteilt, dass darin Staubsauger mit langem Rohr, Besen, Handfeger und Bügelbrett bequem Platz finden. Putzmittel, Lappen und andere Kleinteile sind auf ausziehbaren Gitterböden untergebracht.

GERÄTE

Geräte auswählen

Gut konzipierte Geräte sind der Schlüssel zu einer effizienten Küche.

Achten Sie bei der Auswahl vor allem auf Benutzerfreundlichkeit, Energieverbrauch

und hochwertige Materialien in der Verarbeitung.

Es ist verlockend, die Kosten zu senken, indem Sie in der neuen Küche bereits vorhandene Geräte einsetzen. Doch wenn diese älter als fünf Jahre sind, sparen Sie an der falschen Stelle. Moderne Geräte aus neuen, verbesserten Materialien haben oft auch bessere Sicherheitsstandards und einen geringeren Energieverbrauch, sodass Sie auf lange Sicht Geld sparen.

Konkretisieren Sie Ihre Bedürfnisse und wählen Sie Geräte, die diejenigen Funktionen erfüllen, die Ihnen am wichtigsten sind. Extras, die Zeit, Geld und Mühe sparen, sind meist eine gute Investition, z. B. Spülmaschinen mit Zeitschalter. Vergleichen Sie Abmessungen, Fassungsvermögen, Farbvarianten und Preise, um sicherzugehen, dass Sie genau die auf Ihre Bedürfnisse zugeschnittenen Geräte wählen. Kaufen Sie die besten Geräte, die Sie sich leisten können, und warten Sie notfalls, bis Sie das gewünschte Gerät zum Sonderpreis entdecken.

Energiefragen

Die globale Erderwärmung und der unverminderte Abbau der natürlichen Energieressourcen der Erde haben Energiesparen zum Alltagsthema gemacht. In jüngster Zeit wurden viele Produkte entwickelt, die vollständig recycelbar sind oder aus recycelten Rohstoffen hergestellt wurden. Im ersten Moment mag es teurer erscheinen, ein robustes und hochwertiges Produkt zu kaufen, doch auf lange Sicht wird es besser funktionieren und langlebiger sein als ein billiges.

Die früher in Kühlgeräten verwendeten Fluor-Chlorid-Kohlenwasserstoffe (FCKW) sind heute international in Verruf geraten, weil sie die schützende Ozonschicht der Erde zerstören. Heute verwendet man andere Materialien, die weniger umweltschädlich sind.

An modernen Backöfen sorgen verbesserte Isolierungen, bessere Dichtungen und schnell ansprechende Heizelemente dafür, dass bei geringerem Energieverbrauch gute Ergebnisse erzielt werden. Spülmaschinen arbeiten heute mit relativ wenig Wasser und biologisch abbaubaren Spülmitteln. Durch Neugestaltung der Waschprogramme und exakte Temperaturregelung werden Teller und Schüsseln heute auch ohne zeitaufwendige Vorspülprogramme sauber, was natürlich eine Einsparung an Wasser- und Energiekosten bedeutet.

1 Ein großer Herd mit zahlreichen Brennern bietet sich vor allem für Haushalte an, in denen regelmäßig für mehrere Familienmitglieder oder Gäste gekocht wird.

2 Für eine kleine Küche ist dieses frei stehende Element praktisch, in dem Stauraum, Arbeitsflächen und Spülbecken kombiniert sind. Die Edelstahl-Arbeitsfläche ist robust, die glatten Fronten lassen sich leicht sauber halten.

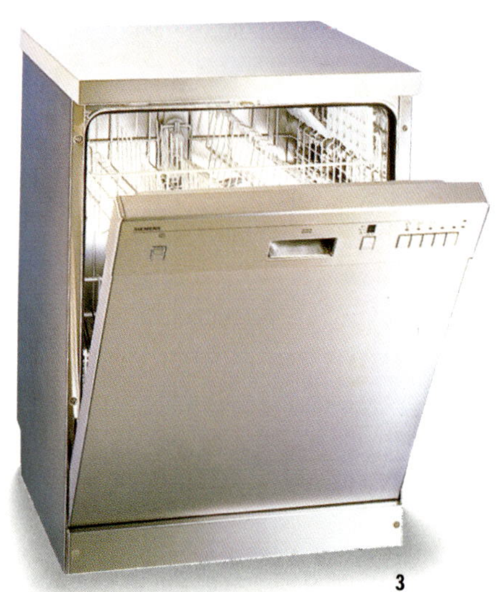

3 Mit verschiedenen Temperatur- und Programmoptionen kann die Maschine exakt auf den jeweiligen Spülbedarf eingestellt werden; das spart Wasser und Strom.

4 Gebürsteter Edelstahl ist für stark beanspruchte Flächen ideal. Diese schlanke, elegante Abzugshaube saugt Dämpfe und Küchendunst schnell und geräuscharm ab.

5 Mit hochwertigen Messern kann sicher und genau gearbeitet werden. Achten Sie darauf, dass sie gut und ausgewogen in der Hand liegen.

6 Diese Küchenmaschine mit großer Schüssel und starkem Motor kann auch große Mengen problemlos verarbeiten. Praktisch ist der Griff zum Anheben der Schüssel und Ausgießen des Inhalts.

7 Frei stehende Kühlschränke können durchaus ein Blickfang sein. Wählen Sie ein Modell auf Rollen, das zur Reinigung leicht beiseite geschoben werden kann. Weil die Lüftungsschlitze an der Front liegen, kann dieser Schrank ganz an die Wand gerückt werden.

Vergnügen, ebenso eine hochwertige Küchenmaschine, die kleine wie große Füllmengen problemlos verarbeitet. Achten Sie auf glatte, strapazierfähige Oberflächen, die leicht zu reinigen sind, und meiden Sie aus diesem Grund Geräte mit vielen kleinen Details. Richten Sie sich bei der Pflege der Geräte nach den Anweisungen der Hersteller; so werden Sie lange Freude daran haben.

PROFI-TIPPS

Erkundigen Sie sich nach Lieferzeit, Garantie und Service, damit Sie nicht unnötig lange warten müssen, wenn Sie einmal Hilfe brauchen. Achten Sie darauf, dass alle Schalter übersichtlich angeordnet und leicht zu bedienen sind.

Die Leistungsfähigkeit des Gerätes muss Ihren Anforderungen entsprechen.

Wählen Sie Oberflächen, die ständigen Gebrauch und häufiges Reinigen vertragen und keine Spezialbehandlung benötigen, um schön zu bleiben.

Kaufen Sie ein Gerät nach funktionalen Aspekten, nicht etwa wegen der Farbe oder dem passenden Aussehen. Fast immer ist es möglich, eine Dekortür anzubringen oder ein Gerät in einem Schrank zu verstecken.

Überlegen Sie, ob Kleingeräte nach Gebrauch weggeräumt werden sollen oder ob der Platz für eine dauerhafte Aufstellung auf der Arbeitsfläche vorhanden ist.

Geräuschentwicklung

Eine ständige Geräuschkulisse kann Stress verursachen, darum lohnt es sich, auch das Betriebsgeräusch von Geräten zu prüfen. Viele moderne Geräte haben eine recht gute Schalldämmung, doch weil der Geräuschpegel schwanken kann, ist eine Kontrolle vor dem Kauf immer zu empfehlen. Auch leise laufende Geräte verursachen manchmal unangenehme Vibrationen.

Auf Details achten

Hochwertige Geräte und Werkzeuge erleichtern die Arbeitsabläufe in der Küche erheblich. Kaufen Sie die im Rahmen Ihres Budgets bestmögliche Ausstattung. Mit qualitätvollen und langlebigen Produkten erzielen Sie bessere Ergebnisse. Sparen Sie lieber an Quantität und kaufen Sie nur, was Sie wirklich brauchen und regelmäßig benutzen. Ein Satz von vier bis sechs guten Messern zum mühelosen Filetieren von Fisch oder Hacken von Kräutern ist im Gebrauch ein wahres

Backöfen

Wenn Sie sich für einen Herdtyp entschieden haben, nehmen Sie die Funktionsdetails der jeweiligen Geräte unter die Lupe. Manche Firmen führen wahlweise Modellversionen für Gas- oder Strombetrieb, sodass Sie auch den Energietyp wählen können.

Wenn Sie gern und häufig kochen, werden Sie einen Ofen mit modernster Technik schätzen. Für Gelegenheitsköche reichen einfache, robuste Öfen, die leicht zu bedienen sind, völlig aus. Wofür Sie sich auch entscheiden – Schalter und Bedienungselemente haben oberste Priorität.

Backöfen

Bei einem in Augenhöhe eingebauten Ofen können Sie den Garvorgang gut beobachten, allerdings ist dafür Platz zu opfern, der sonst als Arbeitsfläche genutzt werden könnte. Solche Öfen müssen in spezielle Schränke eingebaut werden, die das Gewicht tragen können. Gute Isolierung und Lüftung sind nötig, um die umliegenden Materialien vor der Hitze zu schützen. Unterbau-Öfen werden unter der Arbeitsplatte installiert, sodass weniger nutzbare Fläche verloren geht. Wenn Ihnen das Anheben schwerer Töpfe oder Formen Mühe macht, wählen Sie einen Ofen mit nach unten öffnender Tür, auf der Sie die Gefäße abstellen können. Pyrolyse-Öfen haben eine Selbstreinigungsfunktion, die die Pflege erheblich erleichtert.

Herde

Frei stehende Gas- oder Elektroherde können am Ende einer Küchenzeile oder zwischen zwei Unterschränken aufgestellt werden. Weil die Seitenflächen völlig eben sind, ist das Einschieben unproblematisch. Achten Sie aber auf eine ausreichende Isolierung, damit sich die Hitze nicht auf die Schränke überträgt. Leicht erhöhte Seitenkanten verhindern, dass Verschüttetes an den Seiten herabläuft. Gasbetrieb ist sehr sparsam und ermöglicht eine exakte Temperaturregelung. Moderne Elektroherde sprechen auf Temperaturveränderungen ähnlich schnell an, doch dauert das Aufheizen und Abkühlen wesentlich länger.

Mikrowellen, Dampf-Backöfen

Wenn Sie häufig Fertiggerichte zubereiten, ist ein Mikrowellenofen oder ein Kombigerät aus Mikrowelle und Backofen praktisch. Das Stand- oder Einbaumodell sollte mindestens über eine Leistung von 800 Watt verfügen. Manche Geräte haben eine zusätzliche Bräunungsstufe oder einen Grill. Dampf-Backöfen sind im Prinzip nichts Anderes wie ein Schnellkochtopf. Sie werden an die Wasserversorgung angeschlossen und für eine bestimmte Zeit programmiert. Weil der Dampf nicht entweichen kann, erhöht sich der Druck im Inneren und somit auch die Temperatur. Die Speisen garen sehr schnell, bei minimalem Verlust an Nährstoffen oder Farbe.

1 Ein eingebauter Backofen mit Grill ist praktisch zum Zubereiten kleiner Gerichte. Die nach unten aufklappende Tür lässt sich auch zum Abstellen heißer Formen nutzen. Die Schaltelemente in Augenhöhe sind einfach konzipiert und leicht zu bedienen.

2 Eine kompakte und praktische Backzone aus Backofen und Mikrowelle in einem speziellen Einbauschrank. Glastür und Innenbeleuchtung erleichtern die Kontrolle des Garvorgangs. Im unteren Schubfach kann Geschirr vorgewärmt werden, ohne dass dadurch das Backrohr blockiert wird.

3 Ein doppelstöckiger Ofen ist praktisch für begeisterte Köche oder große Familien, weil Gerichte mit unterschiedlichen Garzeiten oder Temperaturen parallel zubereitet werden können. Ist das Kochfeld an anderer Stelle untergebracht, können zwei Personen kochen, ohne einander zu behindern.

4 Frei stehende Herde gibt es mit Gas- und Elektrobetrieb, auch Kombimodelle sind erhältlich. Sie werden auf dem Boden zwischen den Unterschränken aufgestellt. Die Bedienungselemente liegen unterhalb des Kochfelds, sodass sie einem Einbauherd ähnlich sehen.

5 Der Einbau eines Dampf-Backofens ist zwar teuer, lohnt sich aber in Hinblick auf die Zubereitung fettarmer Speisen, weil kaum Nährstoffe, Farbe und Saft verloren gehen. Beim Kochen mit Dampf entsteht Druck, der die Garzeit verkürzt.

6 Der klassische gusseiserne Aga ist multifunktional: Hier wird gekocht, Wasser erhitzt, und manche Modelle liefern auch die Energie für Heizkörper. An der Oberfläche liegen zwei große gusseiserne Platten zum Kochen und Dünsten, daneben gibt es zwei unterschiedlich temperierte Backöfen, die rund um die Uhr in Betrieb sind. Solche Herde sind ideal für kältere Klimazonen, weil damit gleichzeitig die Küche geheizt wird.

PROFI-TIPPS

Achten Sie darauf, dass Sie nur Kochgeschirr verwenden, das für die Gas- oder Elektroplatten oder das Keramik-Kochfeld Ihres Herdes geeignet ist.

Wenn Sie zu einem farbigen Modell neigen, sollten Sie überlegen, ob es gut zur übrigen Kücheneinrichtung passt und ob unter Umständen die Gefahr besteht, dass Ihnen der Ton nach einiger Zeit nicht mehr gefällt.

Gasherde mit elektrischer Zündung werden bei jeder Schalterstellung gezündet. Erloschene Flammen werden selbst bei niedrigster Reglerstellung wieder entzündet.

Achten Sie darauf, dass Türen, Grillroste, Bleche, Brennerkappen und Gitter zum Reinigen abnehmbar sind.

Informieren Sie sich auch über die Wärmeabgabe eines Gasherdes. Wenn Sie häufig große Mengen kochen, sollte die Wärmeabgabe entsprechend hoch sein.

Auf beiden Seiten des Herdes sollten mindestens 25 bis 40 cm breite Freiflächen vorhanden sein, damit Pfannenstiele Platz haben und die Bewegungsfreiheit nicht eingeschränkt ist. Die Arbeitsplatten neben dem Herd sollten hitzebeständig sein

5

7 Professionelle Herde haben größere Garkapazitäten als Standard-Haushaltsgeräte. Sie sind zwar teuer, doch die leistungsfähigen Brenner haben eine lange Lebensdauer. Hier wird das Kochen zum Genuss, und obendrein sehen die Modelle aus strapazierfähigem Edelstahl noch attraktiv aus.

8 Gastronomieherde haben größere Brenner und meist auch mehr Kochstellen als Haushaltsherde. Weil auch die Hitzeentwicklung größer ist, muss eine leistungsfähige Abzugshaube in der vom Hersteller empfohlenen Mindesthöhe installiert werden, um Brandgefahr zu vermeiden.

6

7

8

Kochfelder & Abzugshauben

Weil meist auf dem Kochfeld gekocht wird, sollte dieses hinsichtlich Energieart, Größe und Anordnung der Kochstellen genau auf Ihre Bedürfnisse zugeschnitten sein. Dazu gehört eine leistungsstarke Abzugshaube, die Dämpfe und fettige Kochdünste beseitigt.

1 Über die dachförmige Haube gelangt die Luft zum Außenventilator.

2 Dieser flache Dunstabzug mit integrierter Beleuchtung ist unter dem Hängeschrank montiert und lässt sich bei Bedarf einfach herausziehen.

Wenn Sie mit Gas kochen, sind versiegelte Brenner zu empfehlen, damit durch überlaufende Flüssigkeit die Flammen nicht gelöscht werden. Mit einteiligen, abnehmbaren Wannen lassen sich solche Pannen besonders leicht beheben. Die aufliegenden Gitter können rund, eckig oder auch durchgehend sein. Auf durchgehenden Gittern lassen sich schwere Pfannen ohne Anheben leicht verschieben. Außerdem können Töpfe, die nicht mittig über dem Brenner stehen, nicht umkippen. Achten Sie auf Sicherheitsfunktionen wie eine elektrische Zündung oder Gittermaterial, das sich weniger erhitzt. Die elektrische Zündung ist energiesparend und bequem. Elektro-Kochfelder sind auch energiesparend, wenn Sie darauf achten, dass der Topfdurchmesser möglichst genau dem Durchmesser der Platte entspricht. Bei Glaskeramik-Kochfeldern liegen die Heizelemente unter der glatten Oberfläche. Diese ist einfach zu reinigen, doch dürfen hier nur Töpfe mit glattem, völlig ebenem Boden verwendet werden. Bei den Keramik-Kochfeldern gibt es drei unterschiedliche Heiztechniken. Strahlungs-Kochfelder besitzen Heizschlangen, die bei Betrieb rot glühen. Halogen-Kochfelder erzeugen die Hitze mit Hilfe von Halogenbirnen. Und Induktions-Kochfelder produzieren Wärme durch elektromagnetische Felder, die bei Kontakt mit einem magnetischen Topfmaterial (kein Aluminium) und der Herdoberfläche entstehen. Kochmodule kann man separat einbauen oder je nach Bedarf zu Gruppen zusammenstellen. Wenn Sie die Arbeitsflächen von Küchengeräten frei halten wollen, kann man Grill, Friteuse oder Heißwassergerät in die Platte einbauen. Und um das Kochfeld zu entlasten, lassen sich Wok-Brenner, eine Warmhalteplatte oder ein Grillrost auch außerhalb dieser Zone installieren.

Abzugshauben

Grundsätzlich unterscheidet man Abzugssysteme danach, ob sie die verbrauchte Luft nach oben oder nach unten absaugen. Umlufthauben filtern die Luft und geben sie wieder in die Küche ab. Solche Systeme sind eher als Notlösung zu betrachten. Abzugshauben saugen die Luft nach oben ab und leiten sie ins Freie. Um eine optimale Leistung zu gewährleisten, sollten sie 15 cm breiter als der Herd sein. Nach unten absaugende Systeme werden in benachbarten Küchenelementen oder in der Rückwand installiert. Wenn Sie das Ventilationsgeräusch stört, prüfen Sie, ob der Motor eventuell im angrenzenden Raum oder unter dem Boden installiert werden könnte. Allerdings ist das Abluftsystem um so wirkungsvoller, je kürzer die Wege und Rohrleitungen sind.

Achten Sie darauf, dass die Haube eine glatte Oberfläche ohne Nähte und Fugen hat, damit sie leicht zu reinigen ist.

Die Durchsatzleistung eines Abluftsystems wird in m³/min gemessen. Je höher der Wert, desto leistungsfähiger ist die Haube. Wenn Sie einen Grill betreiben, muss ein System mit höherer Leistung installiert werden.

Falls Sie einen ländlich-nostalgischen Küchenstil bevorzugen, lässt sich die Abzugshaube auch hinter einer passenden Schrankfront verstecken.

Hauben mit Filtern aus Drahtgeflecht lassen sich besonders leicht reinigen.

siehe auch
Kücheninseln 50
Arbeitsbereiche 54
Geräte auswählen 70
Beleuchtung 88

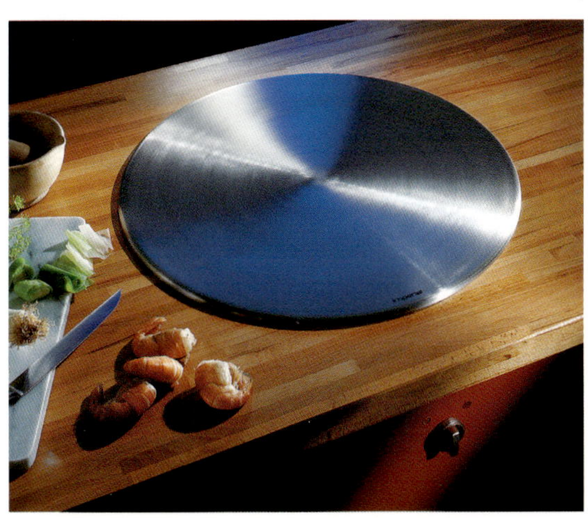

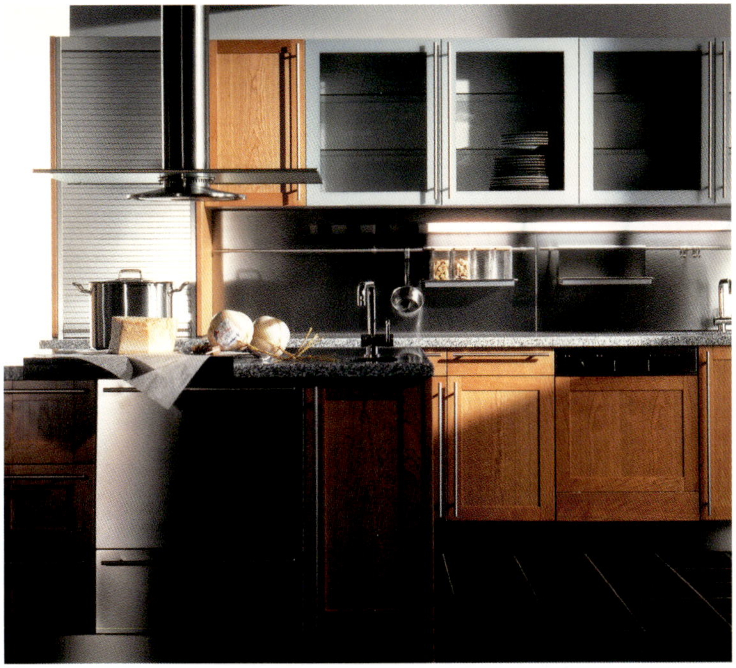

3

3 Abzugshauben für Kücheninseln müssen ein allseitig ansprechendes Design aufweisen, wie dieses moderne Modell aus Glas und Edelstahl. In diesem Fall muss das Abluftrohr quer durch den Raum ins Freie geführt werden.

4 Eine große Kochplatte mit glatter Oberfläche ist ideal zum Zubereiten von Crêpes und zum Rösten von Fleisch und Fisch. Sie sollte unter der Abzugshaube liegen – z. B. zwischen separaten Kochmodulen oder neben dem Kochfeld.

5 Dieses moderne Glaskeramik-Kochfeld ist bündig in die Arbeitsplatte eingelassen. Weil keine Ecken, Kanten oder Fugen vorhanden sind, lässt sich dieser Arbeitsbereich schnell und problemlos reinigen.

4

5

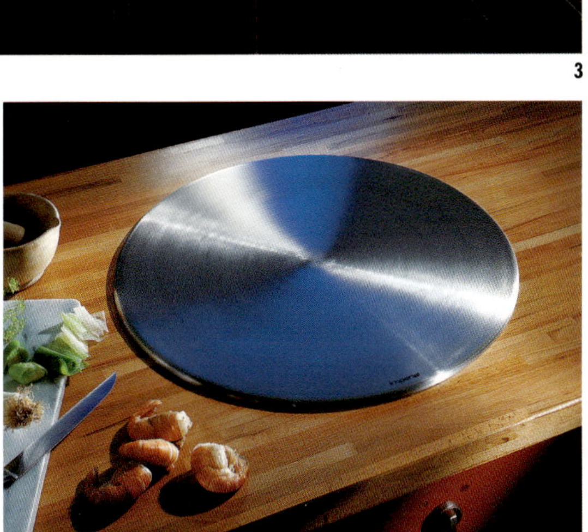

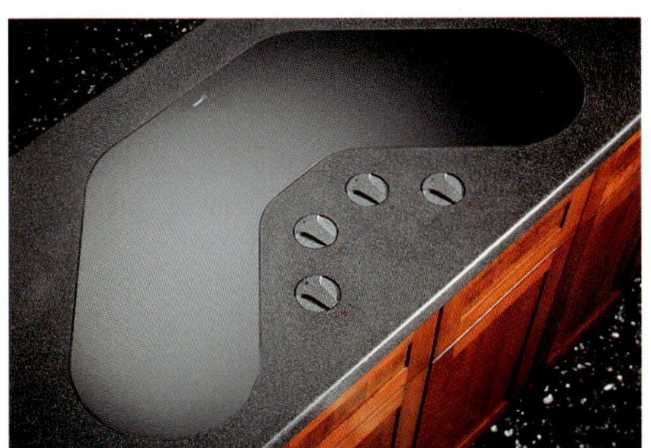

6 Eine Glaskeramik-Kochplatte, deren Außenring sich für die entsprechende Topfgröße zuschalten lässt.

7 Die Heizschlange des Elektrogrills deckt eine große Fläche ab, auf der Speisen erwärmt und gebräunt werden können.

8 Diese elektrische Friteuse ist in die Arbeitsfläche eingesenkt. Sie kann nach Gebrauch mit einem Deckel fest verschlossen werden.

9 Ein elektrischer Rost, mit dem Fisch und Fleisch gegrillt werden können.

10 Der Wok-Brenner sorgt für starke und gleichmäßige Hitze, die für pfannengerührte Gerichte nötig ist. Außerdem ist er der Form des Wok ideal angepasst.

11 Dieser vierflammige Gasherd offeriert unterschiedliche Brenner für verschiedene Topfgrößen und Zwecke. Die abnehmbaren Gitter lassen sich leicht reinigen.

12 Eine Kombination aus vier Gasbrennern und einem großen Keramik-Kochfeld erfüllt viele Bedürfnisse. Dieses Gerät eignet sich vor allem für Küchen, in denen regelmäßig für mehrere Personen gekocht wird.

13 Ein elektrisches Kochfeld mit vier Kochplatten für verschiedene Topfgrößen. Weil nur die benötigten Ringe erhitzt werden, arbeitet dieses Gerät besonders energiesparend.

6

7

8

9

10

11

12

13

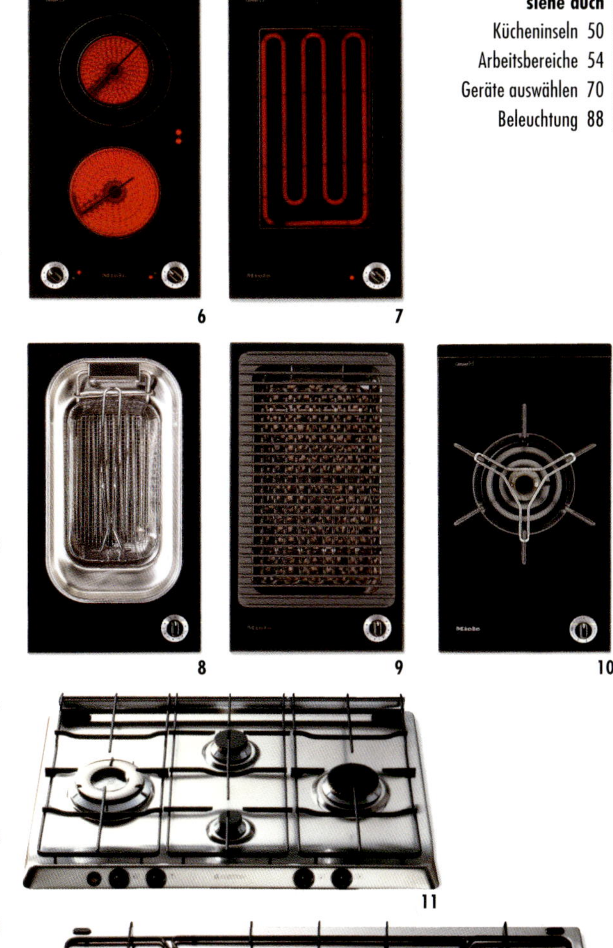

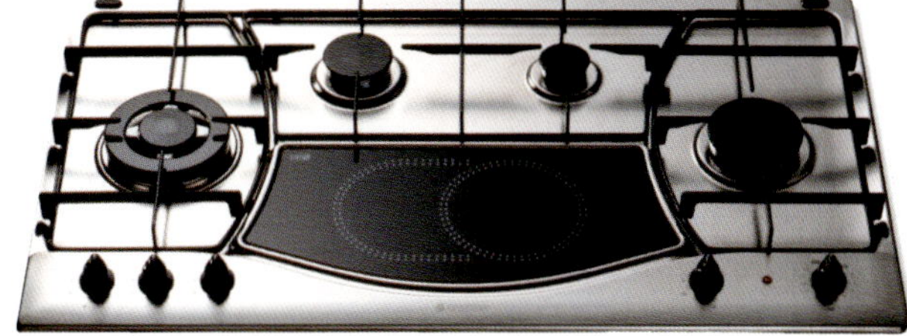

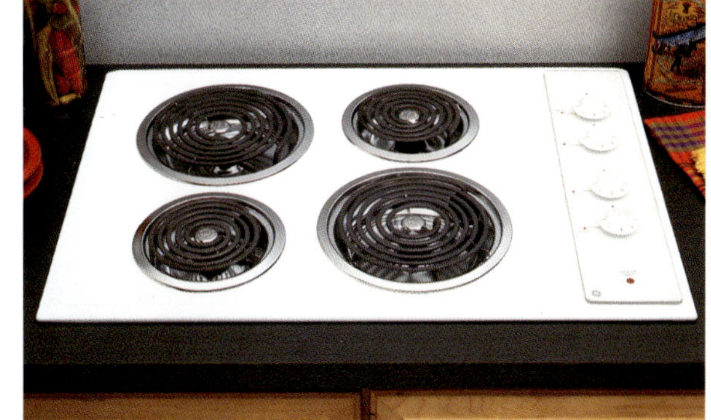

Kühlgeräte

Zum Lagern von Lebensmitteln müssen Kühlgeräte vor allem für eine entsprechend niedrige Temperatur sorgen. Wählen Sie ein Modell mit einem Fassungsvermögen, das Ihren Bedürfnissen entspricht, und variabler Inneneinrichtung.

Das Aussehen ist wichtig, doch zahlt sich aus, bei einem Kühlschrank auf Fassungsvermögen, Aufteilung und Reinigungsaufwand zu achten. Ein Volumen von 175 Litern wird für zwei Personen veranschlagt, für jede weitere Person im Haushalt sollten Sie mindestens 40 Liter hinzurechnen. Praktisch ist auch eine Funktion zum automatischen Abtauen und Spender für Eis und gekühltes Wasser. Achten Sie darauf, dass die Fachböden verstellbar sind. Auch Energieverbrauch und Umweltfreundlichkeit sind wichtige Aspekte. Moderne Geräte sind FCKW-frei hergestellt und die Isolierung ist erheblich verbessert.

Standmodelle

Standkühlschränke können frei stehen oder in eine passende Lücke zwischen den Unterschränken geschoben werden. Bei modernen Geräten sind die Lüftungsschlitze vorne angebracht, sodass sie direkt an die Wand gerückt werden können. Kühlschränke auf Rollen lassen sich zum Reinigen leicht verschieben.

Einbaumodelle

Einbaukühlschränke sind meist breiter als Standmodelle, aber weniger tief. Sie passen perfekt unter Standard-Arbeitsplatten. Meist sind sie teurer, haben aber den Vorteil, dass die Fronten durch die Dekortüren passend zu den Unterschränken gestaltet werden können. Eine gute Lüftung ist wichtig, damit die entstehende Wärme entweichen kann. Bauen Sie Kühlschränke deshalb stets nach Anweisung des Herstellers ein und stellen Sie das Gerät nicht in die Nähe des Herdes oder Backofens. Bei jedem Öffnen der Tür erwärmt sich durch die Umgebungstemperatur der Innenraum, sodass der Energieverbrauch steigt.

1 Mit einem professionellen Weinkühlschrank können Sie edle Tropfen bei Idealtemperatur lagern.

2 Dieses originelle Modell hat eine ausladende Tür, in der sperrige Waren leicht zu verstauen sind.

2

3

4

5

3 Eine Kühl-Gefrier-Kombination, die nostalgische Optik mit modernster Technik verbindet.

4 Bei vielen modernen Kühlgeräten lassen sich die Türanschläge wechseln. Automatische Abtausysteme sind eine erhebliche Arbeitserleichterung, außerdem arbeiten die Kühlgeräte sparsamer.

siehe auch
Arbeitsbereiche 54
Lebensmittel lagern 56
Geräte auswählen 70
Schrankfronten 94

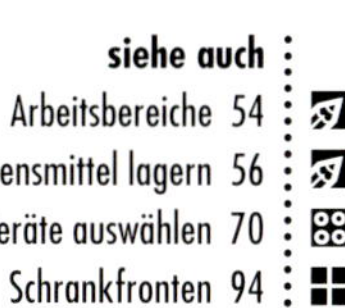

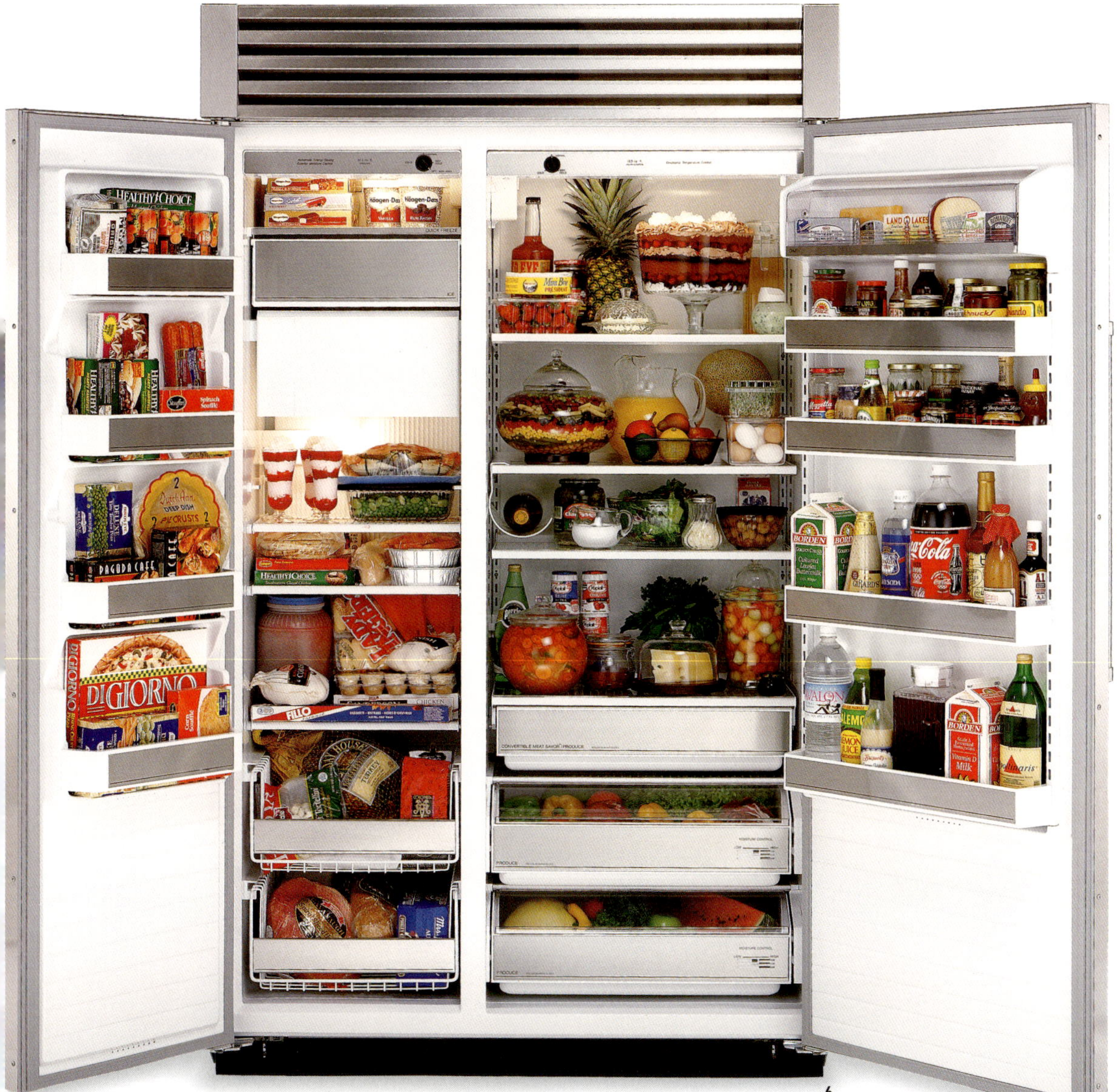

6

PROFI-TIPPS

Wenn Sie den Platzbedarf für ein Kühlgerät ausmessen, sollten Sie die benötigte Tiefe zum Öffnen der Tür mit einberechnen.

Fachböden mit Gitterstruktur oder aus Glas verbessern die Lichtverhältnisse, sodass auch weiter hinten abgestellte Vorräte gut erkennbar bleiben.

Eingebaute Wasserfilter, Eis- und Getränkespender entlasten das Spülbecken.

Legen Sie Obst, Gemüse und Salatzutaten in Schubladen, wo sie frisch bleiben, aber nicht zu stark gekühlt werden.

Überlegen sie, welche Kombination Ihnen am ehesten entspricht: Kühl- und Gefriergerät nebeneinander unter der Arbeitsplatte oder ein Hochschrank, in dem häufig benötigte Lebensmittel in Augenhöhe gelagert werden können. Kombigeräte haben entweder ein Gefrierfach im oberen Bereich oder einen Tiefkühl-Schubladenblock im unteren Teil.

7

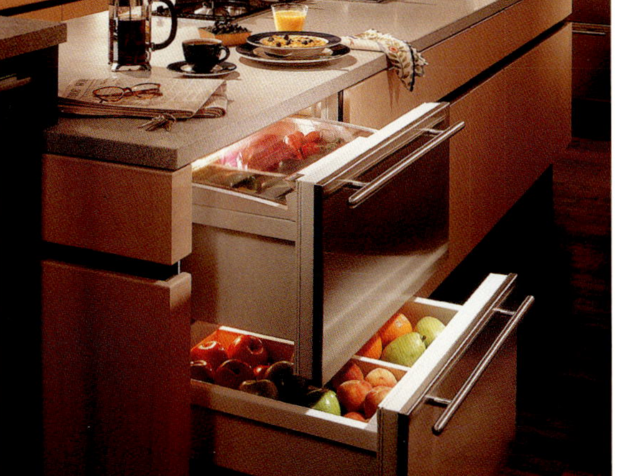

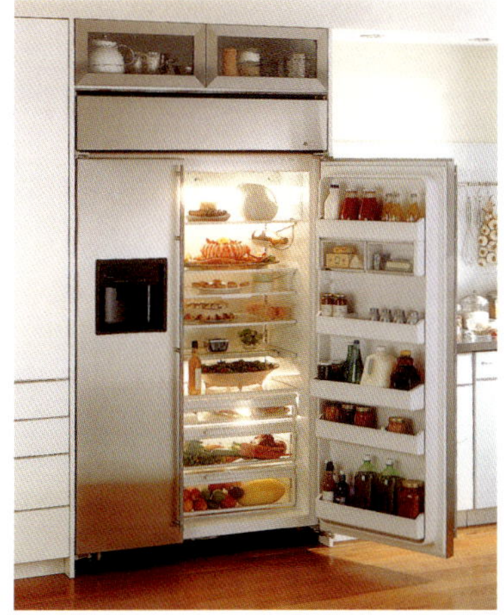

5 Eingebaute Kühl- und Tiefkühlelemente unter der Arbeitsplatte sind praktisch, wenn der Platz knapp ist. Im Idealfall sollten sie dort platziert sein, wo das Essen vorbereitet wird. So sind Zutaten schnell zur Hand, und auch das Einräumen nach dem Einkauf ist unproblematisch.

6 Die verstellbaren Fächer in den Türen sind mit Leisten an der Vorderkante ausgestattet, damit auch Flaschen sicher untergebracht werden können.

7 Kühlschubladen unter der Arbeitsplatte sind eine hilfreiche Ergänzung zum Hauptkühlschrank. Diese Lösung eignet sich insbesondere auch für Behinderte, weil die leicht gängigen Schubladen gut zu bedienen sind.

8 Dieser Kühlschrank hat in der Tür einen Eis- und Trinkwasserspender. Im Inneren schaffen verstellbare Fachböden Platz für verschiedenste Lebensmittel. Die üblichen Kühlschlangen an der Rückseite fehlen, und die Lüftungsschlitze sind an die Front verlegt; so kann der Schrank bündig an eine Wand gerückt werden.

8

Spülbecken & Wasserhähne

Kaum ein Element der Küche wird so häufig benutzt wie das Spülbecken, darum sollte es praktisch und strapazierfähig sein. Überlegen Sie, wer das Becken benutzt und was darin gewaschen wird, und achten Sie auf eine ausreichende Größe.

1 Ein rundes Becken hat weniger Fassungsvermögen als eine eckige Form ähnlicher Größe. Wegen der attraktiven Optik empfiehlt sich ein solches Modell in modernen Küchen z. B. als zusätzliches Becken.

Die Größe des Spülbeckens richtet sich nach dem Unterschrank, der umgebenden Arbeitsfläche und Ihrem Budget. Auch die Lage will gut überlegt sein. Wird das Becken zu hoch, zu niedrig oder zu weit hinten platziert, besteht bei längerer Benutzung die Gefahr, dass Rückenschmerzen auftreten.

Einfache, geräumige Spülbecken sind multifunktionell konzipiert, vor allem wenn sie in Verbindung mit einer Plastikschüssel benutzt werden. Doppel-Spülbecken vereinfachen die Funktionsweise zusätzlich: Ein Becken kann zum Waschen von Lebensmitteln verwendet werden, im anderen lassen sich benutzte Töpfe und Geschirr stapeln. Auch Modelle mit einem kleineren zweiten Becken sind beliebt, weil sie weniger Platz einnehmen und dennoch zwei Funktionen gleichzeitig erfüllen können.

Materialien

Becken aus Edelstahl sehen gut aus, sind robust und langlebig und vertragen Hitze und Reinigungsmittel. Kaufen Sie ein hochwertiges Modell, am besten aus dickem Blech mit geringem Nickelgehalt. Auch emailliertes Gusseisen in verschiedenen Farben hat in den letzten Jahren eine Renaissance erlebt. Meiden Sie aber billige Modelle mit minderwertiger Emaillierung, die zum Abplatzen neigt. Keramik-Spülbecken mit Porzellanbeschichtung sind hitze- und fleckunempfindlich, aber schwer und brauchen einen stabilen Unterbau. In einem Stück hergestellte Einheiten sind besonders pflegeleicht, weil es keine Fugen gibt, in denen sich Schmutz ansammeln könnte. Es gibt auch gegossene Modelle aus Granit oder Marmorstaub, der in Harz gebunden ist. Weil sie durchgefärbt sind, lassen sich Flecken und Kratzer leicht entfernen.

Wasserhähne

Wählen Sie Armaturen, die leicht zu bedienen und den Tätigkeiten angepasst sind, die Sie regelmäßig ausüben. Ein schlichtes, glattes Modell sieht lange gut aus, während verschnörkelte Hähne leicht verschmutzen und schwer zu reinigen sind. Auf engem Raum sind Wasserhähne praktisch, die an der Wand befestigt werden, weil sie die Arbeitsplatte frei halten. Ein herausziehbarer Brausekopf ist nützlich zum Füllen großer Töpfe und zum Waschen von Gemüse. Mit Schwanenhälsen und hoch angesetzten Hähnen ist dafür gesorgt, dass auch große Töpfe in das Becken passen. Für Doppel-Spülbecken sind schwenkbare Wasserhähne erforderlich.

2 Dieses traditionelle Keramik-Spülbecken mit Porzellanbeschichtung ist hitze- und fleckunempfindlich. Im vorderen Bereich der Arbeitsplatte eingebaut, lassen sich auch große Gegenstände leicht herausheben.

3 Töpfe und empfindliche Gläser spült man am besten von Hand. Bei diesem Modell mit kleinem Zusatzbecken kann nebenbei trotzdem Gemüse gewaschen werden.

Achten Sie darauf, dass die Fugen um das Becken wasserdicht versiegelt sind, um Wasserschäden zu vermeiden.

Praktisch kann ein zusätzliches kleines Becken in einem Arbeitsbereich sein, wo regelmäßig Lebensmittel vorbereitet werden.

Wenn Sie wenig Platz haben, lassen Sie sich ein Schneidebrett zusägen, das genau über die Spüle passt.

Handlich ist ein Wasserhahn mit Mischbatterie, an dem sich mit einem Griff Wasserdruck und Temperatur regeln lassen.

Liegt bei der Spüle der Abfluss hinten, verlaufen auch die Rohre im hinteren Bereich. So bleibt vorn im Unterschrank noch Stauraum frei.

4 Rechtwinklig konzipierte Spülbecken ermöglichen eine zweckmäßige Nutzung der Ecken in L- oder U-förmigen Küchen. Allerdings kann diese Platz sparende Lösung unter Umständen die Bewegungsfreiheit einschränken.

4

5

siehe auch
U-förmige Küchen 48
Schneiden, waschen, mixen 60
Arbeitsplatten 92
Allerlei Details 104

5 Abtropfbretter oder -gitter nehmen viel Platz auf der Arbeitsfläche ein. Praktisch sind Klappmodelle oder flache Versionen, die nach Gebrauch leicht zu verstauen sind.

6 Dieses Edelstahl-Becken mit Abtropffläche ist aus einem Stück gefertigt und ermöglicht einen reibungslosen Arbeitsablauf von rechts nach links. Gewaschene Zutaten können in der flachen Wanne abtropfen, über das tiefe Becken wird bei Bedarf ein großes Schneidebrett gelegt.

7 Das kleine Becken im Vorbereitungsbereich ist praktisch zum Waschen von Zutaten in kleinen Mengen. Es hält das Hauptbecken frei und spart lange Wege.

8 Bei einem Doppel-Spülbecken muss sich der Hahn leicht schwenken lassen, damit beide Becken genutzt werden können. Damit auch große Töpfe und Backbleche Platz haben, ist eine ausreichende Höhe des Wasserhahns wichtig.

6

7

8

Spülmaschinen

Die Ansprüche an eine Spülmaschine unterscheiden sich von Haushalt zu Haushalt; wählen Sie deshalb ein Modell, dessen Funktionen Sie auch wirklich nutzen. Wichtig sind sparsamer Energieverbrauch und Benutzerfreundlichkeit.

Technische Innovationen und Verbesserungen im Bereich des Designs haben die Leistungsfähigkeit der modernen Spülmaschinen deutlich gesteigert. Die neue Modellgeneration fasst mehr Geschirr und sogar unhandliche Teile wie Backbleche. Über eine Reihe von Programmen lassen sich Wassertemperatur und Trocknungszeiten regeln, was Energie spart und den Wasserverbrauch senkt.

Funktionen

Wenn Sie gern kochen und täglich mehrere Personen versorgen, sollten Sie eine Spülmaschine mit Platz für mindestens zwölf Gedecke wählen. Paare und Haushalte, in denen vorwiegend Fertiggerichte zubereitet werden, kommen mit einem Tischgerät aus. Hohe Wassertemperaturen und neue Spülmittel sorgen für blitzsauberes Geschirr, doch sollte

auch die Innenausstattung der Maschine dafür gerüstet sein. Am besten ist eine Verkleidung aus Edelstahl, die hitze- und geruchsunempfindlich ist und der auch scharfe Mittel nichts ausmachen. Auch die Schalldämmung ist verbessert worden. Mit einer Zeitschalt-Uhr kann der günstigere Nachtstrom genutzt oder die Maschine gestartet werden, wenn Sie außer Haus sind.

Der beste Platz

Stellen Sie die Spülmaschine möglichst in der Nähe des Spülbeckens auf, damit stark verschmutztes Geschirr vor dem Einräumen der Maschine leicht abgespült werden kann. Außerdem sparen Sie dadurch Installationskosten. Achten Sie auch darauf, dass sich die Tür vollständig öffnen lässt, ohne dass der Zugang zu den gegenüber liegenden Schränken versperrt wird.

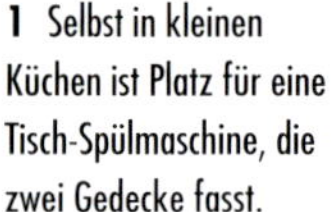

1 Selbst in kleinen Küchen ist Platz für eine Tisch-Spülmaschine, die zwei Gedecke fasst.

2 Viele Modelle sind so konzipiert, dass Dekor-Fronten aufgesetzt werden können. Besonders attraktiv wirken glatte Oberflächen passend zu den Unterschränken. Die Bedienungselemente sind kindersicher an der Oberkante der Tür positioniert.

3 Edelstahl ist ein vergleichsweise teures, jedoch sehr hochwertiges und langlebiges Material, das intensive Benutzung und scharfe Putzmittel verträgt. Bei regelmäßiger Wartung hat eine hochwertige Spülmaschine eine Lebenserwartung von mindestens 20 Jahren.

4 Kompakte, schmale Spülmaschinen passen auch in kleine Küchen. Die Funktionspalette ist gegenüber den großen Modellen nicht eingeschränkt.

PROFI-TIPPS

Eine gute Spülmaschine sollte mindestens zwei rotierende Sprüharme besitzen, damit das Wasser auch zwischen dicht gepackte Teller, Gabelzinken und in Krüge gelangt.

Wählen Sie ein Modell mit Aqua-stopp-Sensoren, über die die Wasserversorgung automatisch abgestellt wird, sobald ein Leck auftritt.

Zum schnellen Trocknen des Geschirrs zirkuliert heiße Luft. Trotzdem können sich im Boden umgestülpter Gefäße Pfützen bilden.

Reinigen Sie regelmäßig den Filter und entfernen Sie auch Verstopfungen in den Öffnungen der Sprüharme.

Waschmaschinen & Trockner

Die Wahl der Waschmaschine hängt von Ihren Bedürfnissen und dem vorhandenen Platz ab.

Ein kombiniertes Gerät spart Platz, aber getrennte Geräte sind meist die bessere Wahl.

Prüfen Sie Wasch- und Trocknerprogramme, Schleuderdrehzahl und Temperaturen.

Ein Hauswirtschaftsraum zum Waschen, Trocknen und Bügeln ist praktisch und entlastet die Küche. In Appartements und kleinen Wohnungen ist dieser Luxus nur selten möglich, sodass die Küche zugleich oft Waschküche sein muss. Stellen Sie die Waschmaschine möglichst in Eingangsnähe auf, damit schmutzige Wäsche nicht durch den Koch- und Vorbereitungsbereich transportiert werden muss.

Wäscheaufkommen

Ein kombiniertes Gerät kann kleine Wäschemengen gut bewältigen. Viele dieser Modelle können aber nur halb so viel Gewicht trocknen wie sie waschen. Wenn Sie pro Tag mehr als eine Maschine Wäsche waschen, ist ein Trockner sinnvoll. So kann die erste Ladung getrocknet werden, während der zweite Waschgang bereits läuft.

Die Abmessungen eines Geräts sagen wenig über das Fassungsvermögen aus. Frontlader sind oft kleiner, doch haben das gleiche Fassungsvermögen wie die größeren Toplader. Toplader brauchen Platz für einen Antrieb, während Frontlader die Wäsche durch das Wasserreservoir ziehen und keine so große Trommel benötigen.

Stellplatz

Stellen Sie die Waschmaschine in der Nähe des Spülbeckens auf, um Installationskosten zu sparen. Ein Ablufttrockner sollte an einer Außenwand positioniert werden, damit das Abluftrohr auf kurzem Weg ins Freie geführt werden kann. Kondensationstrockner dagegen sammeln das Wasser, das der Wäsche entzogen wird. Es wird nach Programmende ausgeschüttet oder von der Maschine abgepumpt.

1 In diesem Trockner messen Sensoren die Feuchtigkeit und beenden das Programm, wenn die Wäsche trocken ist. Der zu Wasser kondensierte Dampf wird abgepumpt.

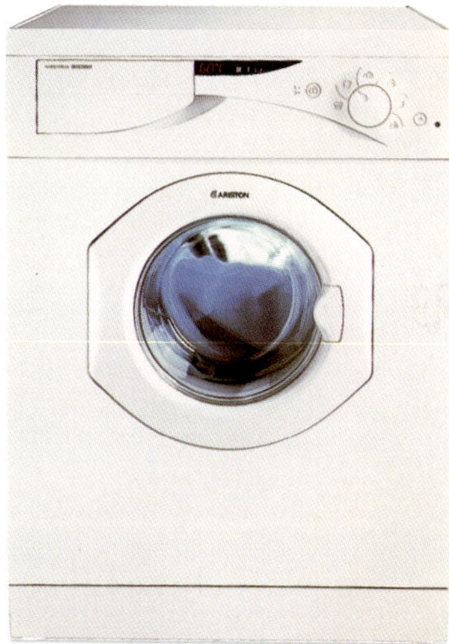

2 Platz sparende Kombigeräte mit Fronttür lassen sich unter die Arbeitsplatte schieben.

3 Auf der glatten Abdeckung dieser Maschine kann z. B. Wäsche zusammengelegt werden. Übersichtlich ist die Bedienungsleiste an der Oberkante.

4 Obwohl dieser Toplader nur 61 cm breit ist, hat er ein großes Fassungsvermögen.

PROFI-TIPPS

▦ Frontlader verbrauchen weniger Wasser und Waschmittel als Toplader und sind daher auf Dauer wirtschaftlicher.

▦ Im Gegensatz zu Frontladern kann man Toplader auch während das Programm läuft, noch öffnen, um ein vergessenes Wäschestück einzulegen.

▦ Achten Sie darauf, dass Ihre Maschine entweder selbst justierende oder verstellbare Füße hat, um Unebenheiten im Fußboden auszugleichen. Wackelnde Maschinen funktionieren schlechter und leben nicht so lange.

▦ Saugfähige Textilien wie Handtücher, Steppdecken und Kissen können Unwuchten in der Waschladung bilden und die Drehbewegung behindern. Günstig sind Maschinen, die solche Unwuchten selbsttätig umverteilen.

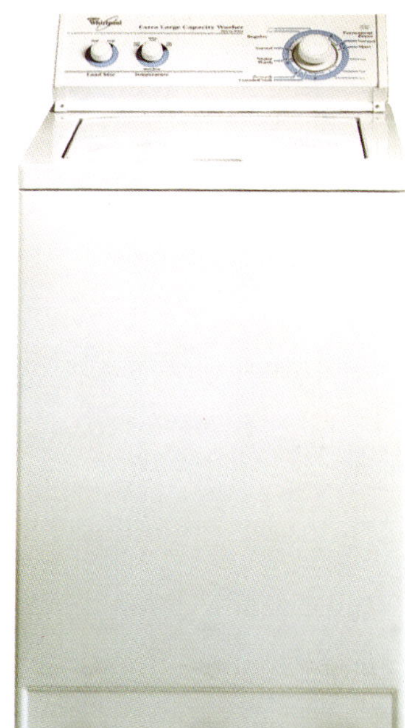

Müll & Wertstoffe

Um den bewussten Umgang mit Müll zu erleichtern, sollten Sie ein praktisches Entsorgungssystem planen. Überlegen Sie, welche Stoffe recycelt werden können und wo der Behälter für organische Abfälle am besten unterzubringen ist.

Wenn Sie nicht sicher sind, welche Recyclingmöglichkeiten an Ihrem Wohnort bestehen, fragen Sie bei der zuständigen Verwaltung nach. Überlegen Sie auch, ob sich die Anschaffung einer Presse lohnt, um das Abfallvolumen zu reduzieren. Solche Pressen eignen sich für organische, synthetische und metallene Abfälle.

Organische Abfälle

Organische Abfälle können entweder in den Hausmüll gegeben oder getrennt und für den Gebrauch im Garten kompostiert werden. Sortieren Sie den Müll, wo er anfällt. Stellen Sie in der Nähe des Spülbeckens einen Behälter für organische Abfälle auf oder schneiden Sie ein Loch in die Arbeitsplatte, durch das die Abfälle in einem darunter liegenden Gefäß gesammelt werden.

2

siehe auch
Arbeitsbereiche 54
Schneiden, … 60
Geräte auswählen 70

1

PROFI-TIPPS

Suchen Sie ein Mülltrennungssystem aus, das Ihren Bedürfnissen gerecht wird. Eine Trennung in Biomüll, Glas, Papier, Restmüll und evtl. Kunststoff und Metall ist sinnvoll.

Kompostieren Sie nur pflanzliche Abfälle. Brotreste, Fleisch, Eier und Fisch entwickeln schnell einen unangenehmen Geruch und ziehen Fliegen und Ungeziefer an.

Spezielle Schredder zerkleinern organische Abfälle so fein, dass sie mit dem Abwasser weggespült werden können. Bei manchen Modellen wird der Abfall zuerst in einer Kammer mit Wasser gesammelt und dann zerkleinert, bei anderen strömt direkt beim Einschalten und Einfüllen der Reste Wasser zu.

1 Eine tiefe Schublade mit separaten Behältern für verschiedene Abfälle liegt direkt unter der Arbeitsfläche. Wenn der Platz ausreicht, sind größere Behältnisse praktisch, in denen der Müll längere Zeit gesammelt werden kann.

2 Wenn Sie viel Gemüse und Obst verarbeiten, ist ein Loch in der Arbeitsplatte samt Deckel praktisch, durch das die Abfälle einfach in den Kompostbehälter darunter geschoben werden können. Hier ist es eine Schublade mit Edelstahleinsatz, der sich leicht reinigen lässt.

3 Diese Mülleimer mit Schwingdeckel sehen edel aus und brauchen wenig Platz.

4 Müllpressen reduzieren das Abfallvolumen auf ein Viertel und sparen so häufige Wege zur Tonne oder zum Kompost im Freien. Große Modelle verarbeiten große Mengen, allerdings können die kompakten Müllpakete recht schwer werden.

5 Eine Recyclingstation auf Rollen lässt sich zur Spüle oder zum Tisch fahren, sodass in allen Bereichen die Abfälle problemlos entsorgt werden können.

3

4

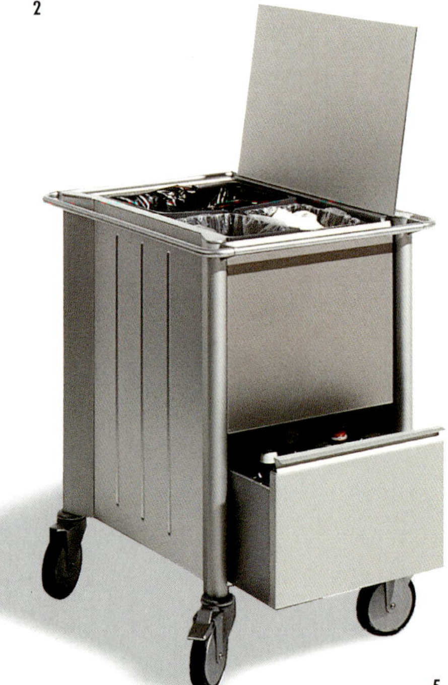

5

OBERFLÄCHEN

Materialien

Die Materialien zur Einrichtung einer Küche werden in großer Auswahl von Farben, Mustern und Strukturen angeboten. Berücksichtigen Sie bei Ihrer Entscheidung die Position der jeweiligen Materialien, Strapazierfähigkeit und Einbaukosten.

Hitze, Dampf, Stöße und aggressive Reinigungsmittel hinterlassen bei minderwertigen Materialien bald ihre Spuren. Schon darum sollten Sie möglichst viel über die Eigenschaften des Produktes herausfinden, vor allem über seine Strapazierfähigkeit und altersbedingte Veränderungen. Nehmen Sie die verschiedenen Flächen unter die Lupe: Fußböden, Schrankfronten, Arbeitsplatten, Spritzschutz, Wände und Möbel. Wägen Sie die Vor- und Nachteile der Materialien ab und stellen Sie eine Liste der Merkmale zusammen, die für Sie wichtig sind. Leben im Haushalt Kinder oder Haustiere? Wie häufig kochen Sie? Wie pflegeleicht sind die Oberflächen?

Holz

Holz wird gern für Schränke, Fußböden und Arbeitsplatten verwendet. Es dunkelt mit der Zeit nach und zeigt dann eine schöne Patina. Harthölzer sind teurer, aber auch langlebiger als weiche Holzsorten, die leicht Schrammen und Dellen bekommen. Furniere haben eine einheitliche Maserung und Farbe, können sich aber lösen. Wärme, Feuchtigkeit oder große Trockenheit führen oft zu Veränderungen im Volumen und Rissen im Holz.

Laminate

Laminate werden für Bodenbeläge, Arbeitsplatten und Schränke und Wandpaneele verarbeitet. Sie sind in unterschiedlichen Dekoren, z. B. Holz-, Stein- oder Fliesenoptik, aber auch schlicht einfarbig oder modisch gemustert erhältlich. Hochdrucklaminate sind haltbarer und darum auch teurer als Niederdrucklaminate.

Glas und Keramik

Keramikfliesen sind hitzebeständig, robust, wasserfest und leicht zu reinigen. Sie eignen sich für Wände und Fußböden, allerdings sind die Fugen, in denen sich leicht Schmutz ansammelt, anfälliger. Glas wirkt leicht und erdrückt einen Raum nicht. Es passt besonders gut in kleine, moderne Küchen und eignet sich für Schrankfronten, als Spritzschutz und

2 Die sanften Farben und natürlichen Strukturen von Terrakotta wirken warm und heimelig. Bodenfliesen aus diesem Naturmaterial sind strapazierfähig und sie fühlen sich angenehm an. Allerdings müssen die porösen Oberflächen versiegelt werden, damit durch eventuelles Eindringen von Feuchtigkeit keine Flecken entstehen.

3 Parkettböden sind leicht zu reinigen, warm und hygienisch. Es werden viele Holzsorten angeboten, darunter auch farbig lasierte. Schwere und spitze Gegenstände hinterlassen Spuren im Holz. Und durch starke Temperatur- und Feuchtigkeitsschwankungen kann das Holz sich verziehen.

4 Spezielle Farben für die Küche lassen weder Feuchtigkeit noch Fette eindringen, meist enthalten sie auch Fungizide, die Schimmelbildung unterdrücken. So gestrichene Flächen lassen sich leicht abwischen und bei hartnäckiger Verschmutzung auch einmal scheuern.

5 Mit kräftigen Farben, die fröhlich und selbstbewusst wirken, verwandeln Sie schnell und preiswert das Aussehen Ihrer Küche. Schränke mit glatten Laminat-Fronten absorbieren das Licht und lassen diese Küche sehr edel wirken.

4

5

– mattiert – auch als Raumteiler zwischen Küche und Essplatz. Vergessen Sie nicht, die Kosten für Fliesenleger oder Glaser in Ihrem Budget einzukalkulieren.

Metall

Von allen Metallen hat Edelstahl die besten Oberflächenqulitäten. Das Material ist hitzebeständig, rostfrei, hygienisch, stoßfest und leicht zu reinigen. Den relativ hohen Kosten steht die Langlebigkeit von Edelstahl gegenüber. Andere Metalle wie Messing, Chrom, Aluminium, verzinktes Eisen oder Gusseisen machen eine spezielle Behandlung erforderlich, weil sie durch Säuren, Reinigungsmittel und Feuchtigkeit angegriffen werden können.

Naturstein

Granit, Schiefer, Marmor und Terrakotta werden hauptsächlich für Bodenbeläge, Wände und Arbeitsplatten verwendet. Ihre Schönheit bleibt über viele Jahre hinweg erhalten, und insbesondere Terrakotta entwickelt bei guter Pflege mit der Zeit eine edle Patina. Naturstein ist keine preiswerte Lösung, doch bei sorgfältiger Planung kann auch mit Details,

PROFI-TIPPS

■ Arbeitsplatten leben länger, wenn Sie Brot, Gemüse und Fleisch auf einem Holzbrett schneiden.

▥ Die Schränke in einer Familienküche sollten es vertragen, wenn die Türen zugeknallt werden. Auch häufiges Reinigen darf ihnen nichts ausmachen.

■ Helle Oberflächen lassen eine Küche frisch und luftig wirken, doch müssen sie regelmäßig gereinigt werden, damit sie gepflegt aussehen.

■ Vermeiden Sie für Arbeitsplatten stark strukturierte Materialien, weil sich leicht Schmutz in den Vertiefungen sammelt.

▨ Wenn für den Spritzschutz Natursteinplatten oder handgefertigte Fliesen verwendet werden sollen, muss der Abstand zwischen Schränken und Wand etwas größer sein, weil diese Fliesen dicker sind.

■ Beachten Sie bei der Pflege von Holzoberflächen die Hinweise der Hersteller, weil Wasser, Säfte und Öle leicht eindringen und Flecken verursachen können.

siehe auch
Entwurf 34
Schränke verändern 100
Wandgestaltung 102

6

6 Furnierte Schränke geben ein einheitliches Bild ab. Der Korpus besteht meist aus Spanplatten, die gegenüber manchen Weichhölzern den Vorteil haben, dass sie formstabil sind.

7 Oberflächen wirken bei Tageslicht und künstlicher Beleuchtung ganz unterschiedlich. Je stärker eine Fläche strukturiert ist, desto dunkler wirkt sie. Helle Oberflächen sehen besonders leicht und luftig aus.

wie einem einfachen Rahmen um das Kochfeld, große Wirkung erzielt werden. Naturstein ist schwer und macht dadurch einen stabilen Unterbau erforderlich. Der Zuschnitt muss von einem Fachmann ausgeführt werden. Manche Natursteine wie Kalksandstein, Marmor und Schiefer sind porös und müssen vor Gebrauch versiegelt werden. Für Spülbecken und Arbeitsplatten werden auch Verbundmaterialien aus pulverisiertem Naturstein angeboten, der in Acryl- oder Polyesterharz gebunden ist.

7

Wände

Weil Hitze, Dampf und Kochvorgänge auch auf den Wänden Spuren hinterlassen, sollten diese abwaschbar sein. Besonders wichtig ist das für den Spritzschutz sowie im Bereich um das Kochfeld, Spülbecken und die Arbeitsplatte.

Die Wände sollen nicht nur strapazierfähig sein und gut aussehen, sondern oft auch Leben und Farbe in die Küche bringen. Orientieren Sie sich an Farbe und Oberflächenstruktur von Schränken und am Bodenbelag, um ein stimmiges Gesamtbild zu erzielen. Kontrastierende Farben wirken gut, weil damit eine optische Trennung zwischen Unter- und Oberschränken erzielt wird.

Geeignete Materialien

Grober Verputz oder Ziegelwände wirken natürlich und bodenständig, die rauen Oberflächen sind allerdings staub- und schmutzanfällig. Farbe ist preiswert und vielseitig einsetzbar. Nahezu jeder gewünschte Farbton kann gemischt werden, und man kann auch mit gezielten Effekten arbeiten. Glänzende Farboberflächen stoßen Fett und Spritzer ab, sehen aber nicht so modern aus wie matte Farben. Vinyltapeten verkraften Reinigungsmittel, Fett und Feuchtigkeit. Die Papierrückseite fungiert als Isolierschicht, die die Kondensation verringert. Mit diesem Material lassen sich auch Unebenheiten in den Wänden kaschieren, doch ist es weniger für den Bereich von Herd, Backofen und Spülbecken geeignet. Preiswerte Papiertapeten sind für die Küche ungeeignet. Keramikfliesen sind strapazierfähig, hitze- und wasserbeständig und abwaschbar. In den Fugen sammelt sich allerdings leicht Schmutz an. Die Auswahl an Mustern, Farben und Größen ist riesig. Edelstahlverkleidungen und Naturstein, wie Schiefer oder Granit sind langlebig, hygienisch und leicht zu reinigen, aber vergleichsweise teuer. Holzverschalungen sehen rustikal aus und eignen sich auch für unebene Wände. Sie können beliebig gestrichen oder lasiert werden.

1 Bei einer Ziegelwand sollten die unteren Wandbereiche zum Schutz mit wasserabweisendem Lack versiegelt werden.

2 Edelstahl ist eine perfekte Oberfläche. Auf gebürsteten Flächen werden Lichtreflexe gedämpft.

3 Kleine Mosaikfliesen werden auf Matten angeboten, die leicht zuzuschneiden sind. Wenn man einzelne Fliesen durch andersfarbige austauscht, entstehen interessante Muster.

4 Mit Farbe lassen sich Wände schnell und preiswert verändern. Verwenden Sie vorzugsweise spezielle Küchenfarben, die Flecken- und Schimmelbildung verhindern.

5 Durch eine Spritzwand aus Glas sieht man die Wand dahinter. Glas ist feuchtigkeits- und hitzebeständig und zudem leicht zu reinigen.

PROFI-TIPPS

■ Eine Sammlung antiker Fliesen, eingefasst mit einer schlichten Bordüre, ergibt eine dekorative Wandfläche. Setzen Sie diese Fliesen hinter das Kochfeld oder das Spülbecken, wo sie als Spritzschutz und Blickfang fungieren.

■ Mit Keramik-Profilriemen verleihen Sie gefliesten Flächen einen dekorativen Abschluss. Auch Fensterrahmen oder andere Elemente lassen sich damit hübsch einfassen.

■ Profilleisten aus Holz werden in verschiedenen Längen angeboten. Sie eignen sich als Abschluss für eine halbhohe Täfelung, aber auch als dekorative Abgrenzung zweier verschiedenfarbig gestrichener oder tapezierter Flächen.

■ Verwenden Sie für Fliesen eine wasserfeste Fugenmasse, die Fett und Spritzer abweist und sich leicht reinigen lässt. Auch Schäden wird dadurch besser vorgebeugt.

■ Wenn laminierte Arbeitsplatten zu den Schränken passen sollen, muss besonders sorgfältig ausgewählt werden. Schon kleine Abweichungen in Farbe oder Oberflächenstruktur können unangenehm ins Auge fallen.

5

6

7

6 Handgefertigte Fliesen sehen edel und stilvoll aus. Sie sind meist dicker und auch teurer als Industrieware.

7 Auf größeren Wandflächen sorgen industriell gefertigte Fliesen für ein einheitliches Bild. Abgestimmte Farbtöne machen Muster überflüssig.

8 Laminierte Oberflächen mit Holzdekor passen gut zu einfarbigen Schränken, aber auch zu strukturierten Oberflächen.

9 Die dunkle Granit-Spritzwand schafft einen klaren Kontrast zu den hellen Schränken.

8

9

Beleuchtung

Die Küchenbeleuchtung sollte so ausgelegt sein, dass sie zum Kochen und Essen eine praktische und angenehme Umgebung schafft. Das Geheimnis liegt in der Kombination von hellem Arbeitslicht mit stimmungsvollerem, entspannendem Raumlicht.

Die Beleuchtung muss installiert werden, bevor Schränke, Fußboden und Geräte eingebaut werden. Wichtig ist vor allem, die Lichtquellen günstig in der Küche zu positionieren. Dabei ist zu bedenken, dass man beim Kochen ständig zwischen Herd, Spülbecken, Kühlschrank und Arbeitsflächen unterwegs ist. Alle Bereiche einschließlich der Ecken sollten gut ausgeleuchtet sein, und Personen dürfen keine Schatten werfen. Gute Beleuchtung trägt auch zur Sicherheit in diesem geschäftigen Raum bei.

Arbeitslicht

Die einfachste, aber auch fantasieloseste Lösung ist eine Leuchtstoffröhre, die die ganze Küche in helles Licht taucht. Weil solche Lichtquellen blenden und anstrengend für die Augen sein können, bringt man sie am besten zur Beleuchtung der Arbeitsflächen an der Unterseite der Hängeschränke an. Variables Arbeitslicht, etwa von Schreibtischlampen oder Klemmstrahlern, ist dort zu empfehlen, wo Flexibilität wichtig ist. Natürlich sind ausreichend Steckdosen nötig, damit die Kabel nicht zu Stolperfallen werden. Deckenstrahler können fest oder beweglich installiert werden; außerdem gibt es schwenkbare Kugelleuchten. Wenn sie in regelmäßigen Abständen in die Decke eingebaut werden, sorgen sie für intensives, gerichtetes Licht. Weil sie bündig abschließen, sammelt sich kaum Schmutz und Staub an. Schienensysteme werden für jeden Stil und Geschmack angeboten, von glänzendem High-Tech-Chrom bis zu Holzfassungen im Country-Stil. Der große Vorteil dieser Systeme ist, dass von einem einzigen Anschluss aus bis zu sechs Lampen gespeist werden können, was die Installationskosten reduziert. Die verstellbaren Lampen können auf verschiedene Bereiche gerichtet werden.

Atmosphärisches Licht

Wandleuchten sind direkt an der Wand befestigt und werfen Licht an die Decke. Sie sorgen für eine angenehme indirekte Beleuchtung des Raums. Auch frei stehende Deckenfluter mit einer Lampenschale über Augenhöhe haben diese Wirkung. Weil sie jedoch Bodenfläche beanspruchen, eignen sie sich vor allem für größere Küchen. Hängelampen rücken den Essplatz ins Zentrum. Sie wirken am schönsten, wenn das übrige Küchenlicht gedämpft oder ganz ausgeschaltet ist. Höhenverstellbare Hängelampen sind besonders praktisch, weil sie nach Bedarf justiert werden können. Außergewöhnlichen Reiz hat, vor allem zu festlichen Mahlzeiten, Kerzenlicht.

1 Leuchtstoffröhren oder kleine Halogenstrahler platziert man am besten hinter einer Blendleiste an der Unterseite von Hängeschränken.

2 Eine Reihe von eingebauten Deckenstrahlern sorgt gemeinsam mit Lampen unter den Hängeschränken und am Herd dafür, dass der gesamte Raum gut ausgeleuchtet ist.

3 Durch die großen Glastüren fällt viel Tageslicht in diese Küche. Gleichzeitig wird der Raum dadurch zum Garten hin geöffnet, was ihn besonders groß und luftig wirken lässt.

4 Die Kombination von Beleuchtung und Abzugshaube macht diesen Herd zum Blickfang. Solche Kombigeräte sind leichter und preiswerter zu installieren als zwei separate Elemente.

PROFI-TIPPS

▦ Leuchtstoffröhren und Energiesparlampen geben helles, schattenloses Licht und verbrauchen wenig Strom. Weil sie sich kaum erhitzen, sind sie vor allem für Küchen geeignet, in denen es beim Kochen sehr heiß wird.

▦ Achten Sie darauf, dass hängende Beleuchtungskörper in sicherem Abstand zu Wärmequellen wie Herd und Backofen platziert werden.

◩ Werden Leuchtstoffröhren unter den Hängeschränken montiert, sollten Sie an der Vorderkante eine Leiste anbringen, damit das Licht nicht blendet. Die Ausleuchtung der Arbeitsfläche wird dadurch nicht beeinträchtigt.

▥ Wand-Lampenschirme aus Gips kann man passend zur Küche streichen.

▦ Ist die Küchendecke aus hartem Material, muss eine Decke, z. B. aus Gipskarton, eingehängt werden, um eingebaute Deckenstrahler zu installieren.

◩ Halogenlampen werden sehr heiß. Sie produzieren ein Licht, das buchstäblich weiß glüht. Darum müssen diese Lampen außerhalb der Reichweite von Kindern angebracht werden.

5 An Drahtseilen befestigte Halogenstrahler können vor einer großen Wand- oder Deckenfläche sehr interessant aussehen. Die Lampen brennen länger als normale Glühbirnen, sind jedoch sehr empfindlich: Vorsicht beim Auswechseln!

6 Der Leuchter wirft ein sanftes, schmeichelndes Licht auf den Esstisch – ideal für eine gemütliche Mahlzeit.

7 Eine Hängelampe wirkt besonders attraktiv, wenn die übrige Beleuchtung gedämpft oder abgeschaltet ist.

8 Diese moderne höhenverstellbare Pendellampe wird zum Essen heruntergezogen.

4

5

6

7

8

Bodenbeläge

Zu den Bodenbelägen, die den Beanspruchungen in einer Küche gewachsen sind, gehören Naturstein, Keramikfliesen, PVC, Laminate und Linoleum. Alle sind robust und pflegeleicht. Bedenken Sie aber auch Faktoren wie Kosten und Behaglichkeit.

Der Fußboden ist die größte sichtbare Fläche einer Küche und er kann die Wirkung des ganzen Raumes bestimmen. Wenn Küche und Wohnbereich ineinander übergehen, empfiehlt es sich, einen durchgehenden Bodenbelag in Erwägung zu ziehen, weil unterschiedliche Farben oder Muster sich beißen können. Der Bodenbelag wirkt sich auch auf die Geräuschentwicklung aus. Achten Sie darauf, ob Ihr gewähltes Material den Tritt dämpft. Auch Sicherheitsaspekte spielen eine Rolle. Der Boden sollte selbst in nassem Zustand rutschfest sein.

Materialvorteile

Holz fühlt sich warm an, ist gemütlich und in vielen Farbtönen und Maserungen erhältlich. Fliesen und Naturstein sind äußerst robust in Bezug auf Wasser, Hitze und Reinigungsmittel, aber eher laut, kalt und hart. Laminate besitzen eine wasserabweisende versiegelte Oberfläche und sind langlebig. PVC ist haltbar, warm und leise und zudem in vielen Designs erhältlich. Linoleum ist strapazierfähig und leicht zu reinigen. Es wird aus natürlichen Materialien wie Leinsamen hergestellt.

1 Wenn Kalksandstein-Fliesen versiegelt sind, können ihnen Wasser, Hitze und Reinigungsmittel nichts anhaben.

2 Noppenbeläge aus Gummi sind teuer, aber leicht zu verlegen und strapazierfähig.

3 Strukturierte Metallböden sehen in modernen Küchen sehr gut aus. Das Material ist langlebig, leicht zu reinigen und reflektiert das Licht. Allerdings ist es auch teuer, laut und pflegeintensiv.

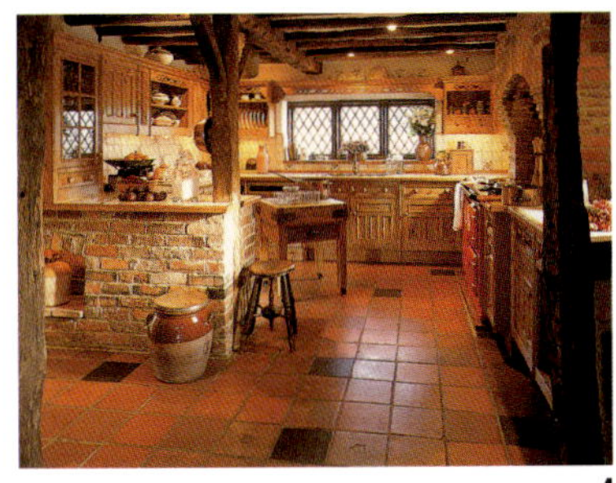

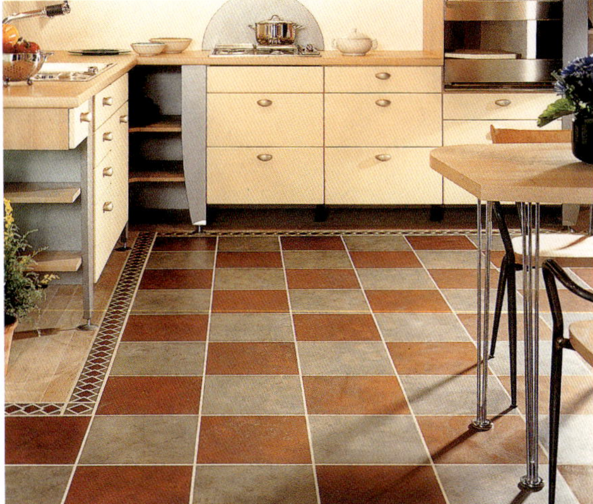

4

6

siehe auch
Entwurf 34
Arbeitsbereiche 54
Materialien 84
Schrankfronten 94

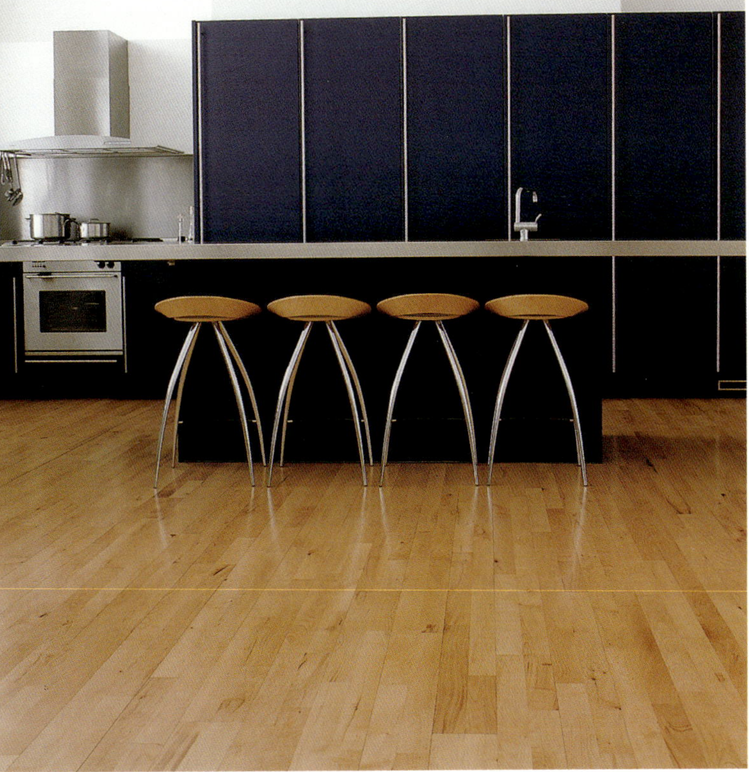

6 Parkettböden sind sehr beliebt, weil sie so warm sind. Allerdings hinterlassen schwere Möbel leicht Spuren im Holz. Der Belag muss sorgfältig gepflegt werden, damit keine Feuchtigkeit eindringen kann. Farbe und Maserung geben jeder Küche Wärme und Atmosphäre.

7 Schiefer ist beliebt, weil dieser Naturstein kühl und edel aussieht und zu Schränken aller Art passt. Er fühlt sich hart und kalt an, hält aber ein Leben lang.

5

4 Terrakotta-Böden haben eine natürliche, warme Ausstrahlung, vor allem, wenn sich mit der Zeit eine Alterspatina bildet. Das Material ist strapazierfähig und fühlt sich auch unter bloßen Füßen angenehm warm an.

5 Glasierte Keramikfliesen sollten matt oder strukturiert sein, um die Rutschgefahr zu verringern. Vor allem Oberflächen mit einer angerauten Glasur sind in geschäftigen Küchen praktisch. Fliesen sind sehr robust, wasser- und hitzebeständig und lassen sich leicht wischen.

PROFI-TIPPS

- Jeder Fußboden muss auf einem gut vorbereiteten Untergrund verlegt werden. Sonst wird er uneben, und die Herstellergarantie ist nicht mehr gültig.
- Prüfen Sie die Druckeigenschaften von PVC, indem Sie eine Münze mit der Kante fest hineindrücken. Der Abdruck sollte schnell wieder verschwinden.
- Wählen Sie ein Fliesenformat, das zu den Proportionen des Raumes passt. Für große Küchen eignen sich große Fliesen, für eine kleine Küche dagegen sollten Sie kleine Fliesen verwenden.
- Legen Sie keine Teppiche oder Matten auf helle Fußböden, weil die Farben von natürlichen wie künstlichen Materialien bedingt durch die Lichteinwirkung und den Gebrauch im Lauf der Zeit nachdunkeln.
- Denken Sie daran, dass Terrakotta und andere poröse Steinböden versiegelt werden müssen, damit sich keine Fett- und Schmutzflecken bilden.

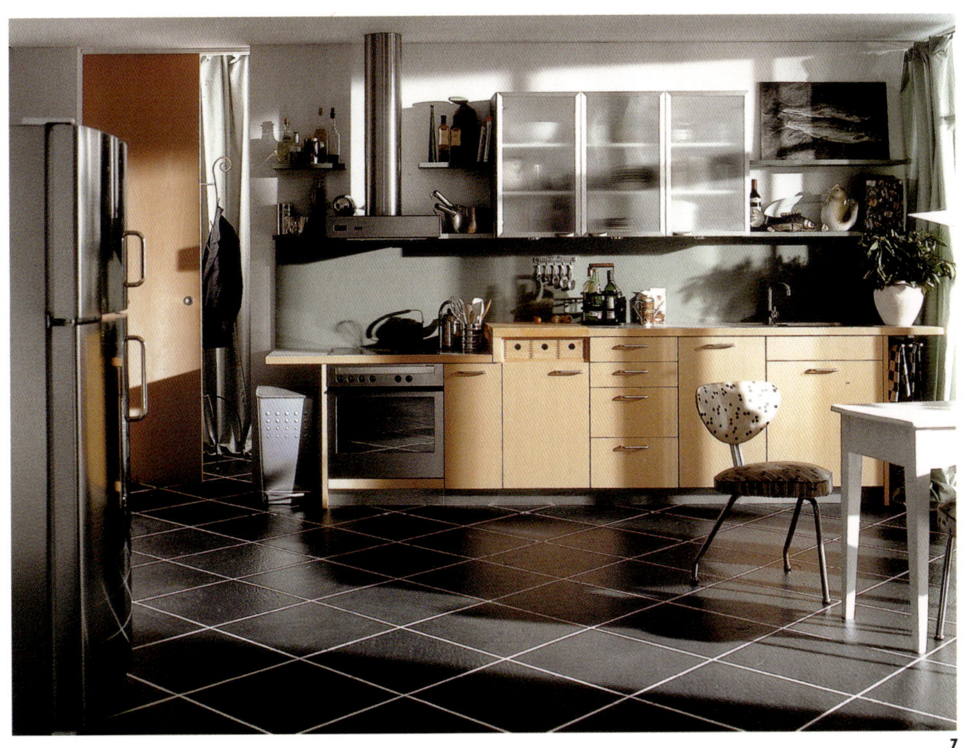

7

Arbeitsplatten

Die Arbeitsplatten spielen für die Abläufe in der Küche eine wichtige Rolle. Sie tragen zum Stil der Küche bei, sollen aber auch widerstandsfähig gegen Hitze, Flecken, scharfe Messer, Feuchtigkeit und aggressive Putzmittel sein.

Die universell einsetzbare Arbeitsplatte für alle Bereiche einer Küche gibt es nicht. Vergleichen Sie die Vorzüge der einzelnen Materialien und planen Sie mindestens zwei davon für Ihre Küche ein. Zum Hacken und Schneiden eignet sich Hirnholz am besten, weil es auch durch scharfe Messerklingen keinen Schaden nimmt. Zum Kneten und Ausrollen von Teig ist kühler Marmor bzw. Naturstein geeignet, und im Kochbereich bieten sich Naturstein oder Fliesen zum Abstellen heißer Töpfe an. Praktisch ist es, Schneidebrett und Marmorplatte bündig in die Arbeitsplatte einzulassen. Alternativ sollten Sie verschiedene Bretter griffbereit in der Nähe aufbewahren.

Wichtige Faktoren

Edelstahl ist ein Allround-Material, weil es hitzebeständig, hygienisch und strapazierfähig ist. Granit verfärbt sich nicht und bekommt auch keine Kratzer. Er ist hitzeunempfindlich und wasserfest und bleibt stets kühl, sodass sich das Material zum Verarbeiten von Teigwaren und Zubereiten von Fleisch und Fisch anbietet. Edelstahl und Granit sind teuer, und beide Materialien müssen vom Fachmann eingebaut werden. Holz eignet sich gut für die Küchenarbeit, muss aber behandelt sein, damit es sich durch Feuchtigkeit und Hitze nicht verzieht.

Beschichtete Arbeitsplatten sind beliebt, weil sie preiswert sind und in vielen Dekoren angeboten werden. Die Oberfläche ist fleckunempfindlich, scheuer- und feuchtigkeitsbeständig, kann aber durch scharfe Klingen und Hitze beschädigt werden. Verbundmaterialien aus Gesteinsmehl und Kunstharz sind vielseitig und praktisch. Beschädigte Stellen kann man einfach abschleifen.

1 Der Reiz von glänzenden Arbeitsplatten besteht darin, dass sie das Licht reflektieren und dadurch immer anders aussehen.

2 Maserung und warmer Farbton von lackiertem Holz passt zu allen Kücheneinrichtungen.

3 Steinplatten fühlen sich immer kühl an, sind aber hitzebeständig. Granit ist besonders langlebig. Das Material ist in verschiedenen Farbtönen erhältlich.

4 Corian® besteht aus Gesteinspulver und Harz. Das Material ist komplett durchgefärbt, sodass ein Kantenumleimer überflüssig ist.

5 In Natursteinplatten können auch Rillen geschliffen werden. Ein Spülbecken mit separater Abtropffläche ist dann nicht mehr nötig.

6 Der intensive Farbton dieser lackierten Arbeitsfläche bildet einen schönen Kontrast zu den hellen Schrankfronten.

7 Edelstahlflächen sind ideal im Umfeld von Spülbecken und Kochfeld, weil sie wasser- und hitzebeständig sind.

8 Passen Sie die Arbeitsplatte dem jeweiligen Bereich an. Hier sind die Oberflächen um Spülbecken und Herd mit Edelstahl abgedeckt, während auf der Kücheninsel eine Holzplatte gewählt wurde.

3

4

5

PROFI-TIPPS

Das teuerste Material ist Stein, gefolgt von Fliesen, Holz und Laminat. Der Einbau von einfachen, geraden Arbeitsplatten ist am preiswertesten. Eingelassene Elemente, zusätzliche Spülbecken oder Inselelemente verursachen zusätzliche Kosten.

Die Ecken von Arbeitsplatten sollten grundsätzlich abgerundet oder abgeschrägt sein, um die Verletzungsgefahr zu reduzieren.

Rings um den Herd sind auch Fliesen praktisch, weil sie hitzebeständig sind. Allerdings sammelt sich in den Fugen leicht Schmutz an, der schwierig zu entfernen ist.

Ideal sind Arbeitsplatten in zwei verschiedenen Höhen. Das erleichtert bestimmte Arbeiten wie das Teig-Kneten.

Suchen Sie die Materialien für Arbeitsplatte und Spritzwand gemeinsam aus, weil beide sich ergänzen sollten.

6

7

8

Schrankfronten

*Die Schrankfronten prägen den Charakter der Küche, dennoch sollten praktische Über-
legungen im Vordergrund stehen. Gutes Aussehen allein reicht nicht für Flächen, die
täglich Hitze- und Feuchtigkeitseinflüssen ausgesetzt sind und stark strapaziert werden.*

Überlegen Sie zuerst, von wem und wie oft die Küche benutzt wird. Dann informieren Sie sich über die verschiedenen Materialien. Wie werden sie gepflegt? Absorbieren oder reflektieren sie das Licht? Können sie durch Reinigungsmittel angegriffen werden? Ist die Oberfläche stoßfest? Wenn Sie alle Materialien gestrichen haben, die diese Alltagsprüfungen nicht bestehen würden, können Sie sich auf Farben und Dekor konzentrieren.

Naturmaterialien

Holz, massiv oder furniert, wird besonders gern für Küchenschränke verarbeitet. Ganz entgegen der landläufigen Meinung ist Furnierholz besser für die Küche geeignet als Massivholz, weil es sich bei schwankenden Temperaturen nicht verzieht. Hartholzfurniere sind meist auf MDF-Platten geleimt, billige Weichholzfurniere hingegen häufig auf Spanplatten, die stoßempfindlich sind und aufquellen können, wenn Feuchtigkeit eindringt. Furniere zeigen ein sehr gleichmäßiges Maserungsbild, und weil sie so dünn geschnitten werden, können aus einem einzigen Stamm viele Fronten gefertigt werden.

Metalle und Laminate

Aluminium, verzinkte Metallbleche und Edelstahl gelten als Designermaterialien, doch nur Edelstahl ist aufgrund seiner Eigenschaften wirklich gut für Küchen geeignet. Kunststoffbeschichtungen sind hoch glänzend, widerstandsfähig gegen Dampf und leicht zu reinigen. Als Trägermaterial dienen meistens MDF-Platten, die stabil sind und bei Bedarf auch rund zugeschnitten werden können. Hochdrucklaminate bestehen aus Schich-

ten von Harz und Papier, die unter Druck zusammengepresst werden. Sie sind teurer, aber auch langlebiger als Niederdrucklaminate. Beide Typen sind in vielerlei Farben, Mustern und Strukturen erhältlich. Außerdem gibt es beschichtete Oberflächen, bei denen unter Hitze eine PVC-Folie auf eine Trägerplatte aufgebracht wird. Die Folie passt sich der Form der Trägerplatte an und ist langlebiger als eine Lackierung oder Niederdrucklaminat. Der Vorteil dieser Oberflächen ist der, dass sie handlackierten Küchenmöbeln zum Verwechseln ähnlich sehen, aber weitaus weniger kosten.

1 Kunststoffbeschichtungen wirken edel und sind strapazierfähig, allerdings auch teurer als lackierte oder laminierte Fronten. Sie lassen sich leicht reinigen, können aber durch aggressive Reinigungsmittel stumpf werden.

2 Laminierte Schrankfronten sind hier mit Holzrahmen kombiniert. Für zusätzliche Abwechslung sorgen Milchglastüren und offene Regale, in denen dekorative Gegenstände präsentiert werden.

3 Glänzende Metallkanten und -griffe machen aus dem funktionalen Rollcontainer einen attraktiven Blickfang. Die geriffelten Seitenwände und die Schubladenfronten aus Milchglas tragen zum modernen Erscheinungsbild dieses Möbelstücks bei.

4 Edelstahlschränke können leicht zu nüchtern und technisch wirken. Hier sind sie geschickt mit Holzfronten kombiniert, deren Griffleisten das Material wieder aufnehmen.

5 Lackierungen werden auf eine farbige Grundierung aufgespritzt, um eine robuste, strapazierfähige Oberfläche herzustellen.

6 Wenn Sie große Flächen mit Holz gestalten, sollten Sie auf gleichmäßige Maserung und Färbung achten, weil Unterschiede allzu leicht ins Auge fallen.

PROFI-TIPPS

Sehen Sie sich in Ausstellungsküchen diejenigen Elemente einer Küche an, die am meisten strapaziert werden, z. B. Ecken, Scharniere und Fugen. So erkennen Sie am schnellsten Schwächen der einzelnen Materialien.

In Schränken mit Glasfronten hat man einen guten Überblick über den Inhalt, ohne die Türen zu öffnen. Außerdem wirkt die Küche dadurch hell und luftig.

Damit in großen Küchen keine Monotonie aufkommt, könnten Sie für die Schränke auch eine Materialkombination wählen, etwa Holzrahmen mit Laminatfüllungen.

7 Industriell lackierte Schränke werden großflächig gespritzt. Sie können Farben bestellen und die Farbtöne von Leisten und Profilen darauf abstellen.

Traditionelle Materialien

Kein Material passt ebenso gut in moderne wie traditionelle Küchen wie Holz. Es ist wunderbar vielseitig, und der Variantenreichtum von Farbtönen und Maserungen sorgt dafür, dass keine Küche der anderen gleicht.

Ob traditionell in kunstvoll geschnitzter Eiche, modern in schlichtem Ahorn oder zeitlos aus Kirschbaumholz im Shaker-Stil: Holzküchen sind attraktiv und stilvolll und haben Charakter. Das Schönste an Holz ist aber, das es im Lauf der Jahre durch Abnutzung, Polieren und Sonneinstrahlung eine herrliche Patina bekommt. Die Oberfläche fühlt sich wunderbar an. Es ist schwer, die Hände nicht über die Maserung einer einfachen Tischplatte oder ein edles, sorgfältig geschnitztes Zierprofil gleiten zu lassen, wenn die Stücke schön gearbeitet sind.

Holzsorten

Harthölzer wie Esche, Buche, Kirschbaum, Eiche und Ahorn sind teurer als Weichhölzer, weil es viele Jahre dauert, bis diese Sorten zu verwertbarer Größe herangewachsen sind. Sie haben eine dichte, feine Maserung und sind weniger anfällig für Risse, Dellen und Verwerfungen als die meisten Weichhölzer. Die Kiefer mit all ihren Unterarten liefert das beliebteste Weichholz, aber auch Fichte, Lärche und Tanne werden zu Küchenmöbeln verarbeitet. Sämtliche Hölzer kann man lasieren, lackieren, kalken, beizen oder streichen. Edle und exotische Hölzer werden sparsam verarbeitet. Sie werden in hauchdünne Furniere geschnitten und meist auf MDF-Platten aufgeleimt. Hölzer mit interessanter Maserung lässt man oft unbehandelt, sodass Färbung und Details für sich sprechen.

■■ Zur Pflege von Holzschränken tragen Sie im Faserverlauf Politur auf und reiben mit einem weichen, trockenen Tuch nach.
■■ Profilleisten und Kanten aus Holz verleihen glatten Schrankfronten mehr Charakter. Verzierte Griffe und mit Schnitzereien geschmückte Türfüllungen aus Massivholz passen gut in traditionelle Landhaus-Küchen.
■■ Naturstein-Böden und schlicht weiß getünchte Wände bringen Holzküchen am besten zur Wirkung.
■■ Furnierte Möbel eignen sich nicht für Bereiche, die regelmäßig intensiven Feuchtigkeitseinflüssen ausgesetzt sind.

1 Diese traditionelle Anrichte verbindet die Schönheit des Materials mit kunstvoller Handwerksarbeit. Mit seinen gedrechselten Beinen und den geschnitzten Details ist dieses Möbelstück ein Blickfang für die Küche.

2 Mit absichtlich angebrachten Gebrauchsspuren werden neue Holzoberflächen so gestaltet, als zeigten sie die Spuren jahrelanger Benutzung und Pflege. Die Zierleisten und die kleinen Schubladenknöpfe verleihen der Küche einen ländlichen Charme.

3 Gekalktes Holz wirkt hell und freundlich. Es ist vielseitiger einsetzbar als Holz, das in kräftigen Farben gebeizt ist.

4 Der intensive Farbton dieses handgestrichenen Holzschrankes bildet einen schönen Kontrast zu den hellen Fliesen und dem weißen Spülbecken. Der Wäschekorb aus Weidengeflecht fügt sich gut in das Ensemble ein.

SCHNELLE LÖSUNGEN

Ein neuer Look

Für funktionelle Küchen, denen eigentlich nur ein wenig Pep fehlt, gibt es viele originelle Ideen, wie sich die Optik vorteilhaft verändern lässt, ohne gleich eine komplette Neugestaltung der Inneneinrichtung vorzunehmen.

1 Bringen Sie mit bunten Stühlen Leben in die Küche. Wenn der Platz knapp ist, sind Stapelstühle praktisch, die nach den Mahlzeiten oder zum Saubermachen Platz sparend beiseite geräumt werden können.

Wenn man eine Küche täglich benutzt, übersieht man leicht kleine Ärgernisse und Unzulänglichkeiten – vor allem, wenn man auf die wesentlichen Arbeiten wie Kochen und anschließendes Aufräumen konzentriert ist. Nehmen Sie sich etwas Zeit und notieren Sie die Punkte, die verändert werden könnten, um die Küchenarbeit effizienter und vergnüglicher zu gestalten.

Werfen Sie einen kritischen Blick auf die Arbeitsflächen – in Hinblick darauf, wie viel Krimskrams dort versammelt ist und wie viel Mühe es macht, rund herum zu wischen. Vielleicht möchten Sie die Arbeitsplatten ersetzen und neue Materialien ins Spiel bringen, etwa eine Natursteinplatte zum Kneten von Teig oder ein Schneidebrett aus Holz? Achten Sie auch auf die Inneneinrichtung der Schubladen:

Wie schnell finden Sie das gesuchte Werkzeug? Denken Sie an die Mahlzeiten: Behindern Möbel den Arbeitsablauf? Ist der Essplatz bequem und praktisch für alle Familienmitglieder? Wenn Sie alle diese Aspekte erwogen haben, können Sie Prioritäten setzen und kleine Veränderungen vornehmen, um Ihre tägliche Arbeitsumgebung zu verbessern.

Möbel

Bietet Ihre Küche nicht genügend Platz für eine Sitzgelegenheit und lehnen Sie sich für einen kleinen Imbiss an eine der Arbeitsplatten, um Zeit zu sparen? Dann ist es vielleicht richtig, an eine kleine Essecke am Ende einer Küchenzeile zu denken. Eine Tischplatte zum Herunterklappen macht das Frühstück angenehmer und gemütlicher. Wenn die vorhandenen Möbel zu viel Platz einnehmen, sollten Sie über Alternativen nachdenken, etwa einen Tisch mit herunterklappbaren Seitenteilen oder Klapp- oder Stapelstühle, die Ihnen mehr Bewegungsfreiheit verschaffen. Prüfen Sie auch vorhandenen Stauraum und überlegen Sie, ob sich selten benutzte Küchenutensilien eventuell von der Arbeitsplatte verbannen lassen.

Licht und Farbe

Eine gut geplante Beleuchtung trägt viel zu einer angenehmen Arbeitsatmosphäre bei, doch kann sie das Tageslicht nicht ersetzen. Eine allzu aufwendige Fensterdekoration kann den Raum verschatten und düster wirken lassen. Oft reicht es schon, den Vorhangstoff und die Befestigungstechnik zu verändern, um der

2 Mit einem kleinen keilförmigen Tisch wird Freiraum am Ende der Küchenzeile genutzt; hier gibt es jetzt einen schönen Frühstücksplatz für zwei Personen. Dazu passen die leichten Stühle mit Sitzgeflecht.

3 Ein maßangefertigtes Tellerregal gleich neben dem Spülbecken füllt die Nische zum Kamin hin aus. Auf den Fachböden über dem Becken finden weitere Teller Platz, die Becher sind an eingeschraubten Haken aufgehängt.

2   3

Wählen Sie leichte Möbel, die sich zum Saubermachen schnell beiseite schieben lassen. Auch die Beschläge sollten problemlos abzuwischen sein.

Ein Hängegitter über einer Kücheninsel ist praktisch zum Aufbewahren von Utensilien, die für die Vorbereitungsarbeiten gebraucht werden.

Wenn die Arbeitsplatte als Abstellfläche genutzt wird, empfiehlt es sich, Öle, Gewürze, Würzsaucen und anderes Zubehör in einen hübschen Korb oder einer Schachtel unterzubringen.

Halten Sie die Arbeitsplatten möglichst frei. Stellen Sie Ständer für Becher, Vorratsgläschen und selten benutzte Utensilien in Schränke. Kaufen Sie notfalls einige Körbchen, in denen Kleinteile gesammelt werden, die keinen speziellen Platz haben.

4 Verwenden Sie für Gardinen helle, duftige Stoffe, wenn die Küche schnell ein neues Gesicht bekommen soll. Je einfacher die Fensterdekoration, um so mehr Tageslicht dringt in den Raum.

5 Ein Leistensystem an der Wand ist preiswert, vielseitig und Platz sparend. Die Haken können in verschiedenen Höhen eingehängt werden, sodass die Gerätschaften und Töpfe in Reichweite untergebracht sind.

6 Preiswerte Regale und eine aus Latten angefertigte Heizkörperverkleidung bilden den attraktiven Präsentationsrahmen für edles Porzellangeschirr.

5

Küche ein helles, frisches Aussehen zu geben. Verwenden Sie für Vorhänge, Sitzkissen und Tischdecke aufeinander abgestimmte Stoffe, damit sich der neue Stil durch den ganzen Raum zieht.

Fußboden

Ein abgenutzter Bodenbelag kann das Bild der ganzen Küche beeinträchtigen, außerdem ist er nicht ungefährlich. Massive Holzdielen kann man abschleifen und neu lasieren oder mit Schablonen eine Bordüre oder ein flächiges Muster aufmalen. Nach dem Trocknen wird der Boden wieder mit zwei oder drei Schichten Klarlack versiegelt, um den Dekor vor Abnutzung und Reinigungsmitteln zu schützen.

Naturstein-Böden werden im Lauf der Zeit matt, in den Fugen sammelt sich Schmutz. Man kann zwar auch diese Oberflächen abschleifen, um sie wieder zum Glänzen zu bringen, aber das ist harte Arbeit. Wenn Sie meinen, dass sich die Mühe lohnt, probieren Sie es zuerst an einer unauffälligen Stelle aus. Nach dem Abschleifen und Reinigen wird die Fugenmasse erneuert und der Plattenbelag vor der ersten Benutzung wieder sorgfältig versiegelt.

Schränke verändern

Durch tägliche Benutzung ebenso wie durch den Wandel der Mode sehen Küchen-schränke irgendwann »verbraucht« aus. Wenn Ihnen die Aufteilung und Inneneinrich-tung zusagt, können Sie das Äußere der Schränke relativ schnell und preiswert »liften«.

Es gibt viele Möglichkeiten, um Küchen-schränke zu modernisieren. Manche sind aufwändiger als andere, aber alle verän-dern das Erscheinungsbild der Küche und verlängern das Leben der Schränke. Neue Schranktüren sind die einfachste, aber auch teuerste Lösung. Durch Aufsetzen von Zierleisten, Bespannen der Füllungen mit Stoff oder durch Austauschen der Griffe sind die Schränke preiswert zu ver-ändern. Und natürlich kann man sie auch kurzerhand neu anstreichen.

Schränke renovieren

Ob Ihre Küche mit einer System-Einrich-tung oder maßangefertigtem Innenleben bestückt ist – die Elemente hinter den Türen sind meist recht ähnlich. Für Schub-laden und Rahmen werden in der Regel Sperrholz, Hartholz, MDF- oder Spanplat-ten verarbeitet. Wenn die Grundelemen-te intakt und stabil sind, kann man pro-blemlos nur die Türen und Fronten aus-tauschen. Gleichgültig, ob Sie sich für Holzelemente in ländlichem Stil oder Hochglanz-Kunststoffbeschichtungen entscheiden: Es gibt viele Firmen, die sol-che Türen anbieten und auch Handwer-ker für den Einbau vermitteln. Profilleisten aus Holz sind in vielen Formen erhältlich. Damit lassen sich schlichte Laminattüren scheinbar zu Türen mit Füllungen umge-stalten. Breitere Leisten kann man als Kranzprofil an der Oberkante von Hoch-schränken oder als Blendschutzleiste un-ter Hängeschränken anbringen. Beizen oder lackieren Sie solche Leisten passend zu den vorhandenen Schränken.

Dekorative Details

Mit etwas Übung kann man mit Maltech-niken wie Schablonieren, Marmorieren, Kammzugtechnik und anderen die ver-schiedensten dekorativen Oberflächen gestalten. Sie könnten auch ein Muster in passend zugeschnittene Stücke aus dicker Metallfolie eindrücken und die Fo-lienteile auf den Schrankfronten befesti-gen. Sehr reizvoll kann es aussehen, wenn Sie innen liegende Scharniere durch dekorative Stücke an den Außen-seiten ersetzen oder die Griffe austau-schen. Eiserne oder gusseiserne Schar-niere und Griffe passen gut in nostalgi-sche Küchen, für moderne Küchen mit schlichten Fronten empfehlen sich schlichte Keramik- oder Acrylaccessoires.

1 Eine Anrichte aus Kiefernholz Nachbildung sieht mit einem frischen Anstrich und ausge-wechselten Tür- und Schubladenknöpfen wieder wie neu aus.

2 Alte, aber gut erhal-tene Schränke gewinnen erheblich, wenn sie in einer neutralen Farbe gestrichen werden. Leicht aufzutragen ist Sprühlack, der schnell trocknet und strapazier-fähig ist.

3 Mit Metallic-Farben geben Sie Ihrer Küche ein faszinierend neues Aussehen. Für den letz-ten Schliff sorgen origi-nelle Griffe an Schubla-den und Türen.

3

PROFI-TIPPS

Achten Sie beim Austausch von Türen darauf, dass die vorhandenen Scharniere verwendet werden können oder leicht zu ersetzen sind. Durch neue Schraublöcher könnten sonst die Schrankseiten beschädigt oder geschwächt werden.

Verschiedene Oberflächen wirken sich auf die Helligkeit der Küche unterschiedlich aus. Glänzende Flächen reflektieren das Licht, können aber blenden. Matte Oberflächen absorbieren das Licht und wirken dadurch sanfter.

Für textile Türfüllungen sollten Sie unbedingt einen Stoff verarbeiten, der in der Maschine gewaschen werden kann.

Schranktüren werden zum Streichen am besten ausgehängt und flach hingelegt, um Tropfnasen zu vermeiden.

Vor dem Streichen oder Bekleben müssen die Fronten immer gründlich gereinigt und angeschliffen werden.

6

6 Benutzen Sie die Dekorplatte von Spülmaschine oder Kühlschrank als Schablone für eine neue Oberfläche. Zum Streichen oder Spritzen sollten Sie die Platte vom Gerät abnehmen.

7 Mit originellen Griffen sehen Schränke gleich ganz anders aus. Das gewählte Modell sollte in mindestens zwei Größen für kleine Schubladen und große Schranktüren erhältlich sein.

4 Schrankfronten aus Stoff wirken besonders wohnlich und ländlich. Sie passen besonders gut zu Küchen im Shaker-Stil. Zum Waschen nehmen Sie den Stoff einfach von den verdeckt angebrachten Stangen ab.

5 Edelstahl- oder Aluminiumpaneele können mit minimalem Aufwand an den Schranktüren befestigt werden. Damit ein stimmiges Bild entsteht, sollten auch die Griffe und einige kleine Utensilien ersetzt werden.

5

8

8 Auch mit ausgeschnittenen Motiven oder Grifflöchern kann man Schränke schnell abwandeln – z. B. je nach Geschmack mit ländlich-blumigen oder modern-geometrischen Motiven. Die Schablone lässt sich für einen enstprechenden Schablonendekor an der Wand wiederverwenden.

9 Gestanzte Füllungen aus Metall eignen sich am besten für schlichte Fronten. Die Kanten müssen mit einer Leiste abgedeckt werden.

9

Wandgestaltung

Fliesen, Farbe, Naturstein, Tapete und Holz sorgen für optischen Reiz der Küchenwände. Durch Kombination von Farben und Strukturen lassen sich verschiedenste Effekte erzielen, die nicht nur die Schränke aufwerten, sondern auch Einzelelemente und -bereiche miteinander verbinden können.

Die Wandflächen in einer Küche bilden meist Blöcke, die durch Fenster, Türen, Schränke und Geräte begrenzt werden. Am schönsten wirkt ein Farb- oder Gestaltungsschema, das auf Schränke, Arbeitsplatten und Fußboden abgestimmt ist. Wichtig ist auch, dass die Oberflächen Dampf, Feuchtigkeit und häufiges Reinigen vertragen.

Ein neues Kleid

Ein frischer Anstrich ist die schnellste und preiswerteste Art, die Küchenwände »aufzupolieren«. Interessant wirken auch Schablonenmuster als Bordüre oder gestempelte Streumuster. Metallic-Farben fangen das Licht ein und ergänzen Metallflächen in der Küche. Nut- und Feder-Verschalungen aus Holz wirken ländlich, und Rauputz evoziert das Flair mediterraner Innenräume. Durch einen Farbanstrich werden solche Flächen noch lebendiger, ohne unruhig zu wirken.

Die Spritzwand ist der ideale Bereich, um Muster und Farbe ins Spiel zu bringen. Fliesen sind sehr robust. Am schönsten sieht es aus, wenn sich handgemalte Motive oder Relief-Fliesen an anderer Stelle im Raum wiederholen.

Beschichtete Tapeten sind preiswert und schnell geklebt. Oft werden passende Stoffe, Bordüren oder Rollos angeboten, mit denen man der Küche im Nu ein neues Gesamt-Outfit überziehen kann. Am besten passen dazu einfarbige Geschirrtücher und Tischwäsche, die eine der Farben aus dem Tapetenmuster aufnimmt.

1

PROFI-TIPPS

- Alte Tapeten sollten am besten entfernt werden, weil Fettspuren und Unebenheiten sich im Lauf der Zeit auf der neuen Tapete abzeichnen können.
- Verarbeiten Sie für die Spritzwand Fliesen in verschiedenen Farben und greifen Sie eine davon in den Textilien wieder auf. Bei der Renovierung können Vorhänge und Tapete dann in einer anderen Farbe gewählt werden.
- Weiß getünchte Wände sehen besonders frisch und sauber aus. Sie passen ebenso gut zu ländlichen Möbeln wie zu modernen Edelstahleinrichtungen.
- Blau-, Grün- und Grautöne sind kühle Farben, die an Wintertagen ungemütlich wirken können. Orange, Gelb und Pink dagegen schaffen eine behagliche, warme Atmosphäre.

2

5 Nut- und Feder-Bretter sind leicht anzubringen. Sie können in jeder beliebigen Farbe lasiert oder gestrichen werden, sind robust und wirken isolierend. An der Oberkante sollte als Abschluss eine Leiste befestigt werden.

6 Die kunterbunte Spritzwand bringt Leben in die Küche. Wählen Sie Küchentextilien, die eine der Farben aufgreifen. Wenn diese ersetzt werden, entsteht durch einen anderen Farbton schnell wieder ein neuer Look.

5

3

3 Frech und modern sieht es aus, wenn eine Wand in einer kräftigen Farbe gestrichen wird, passend zu einem der Farbtöne von Vorhängen und Tischdecke.

4 Die Spritzwand hinter Herd und Spülbecken sollte Hitze, Dampf, Fett und Spritzer vertragen. Ein Anstrich mit Hochglanz- oder Seidenglanzfarben auf Ölbasis ist die preiswerteste Lösung.

4

6

Allerlei Details

Eine interessante Sammlung von Küchenutensilien oder ein Regal mit funkelndem

Zubehör kann zum Blickpunkt in der Küche werden. Ist der Aufwand zum Reinigen der

Sammelstücke jedoch hoch, sollten Sie sie lieber hinter Glastüren ausstellen.

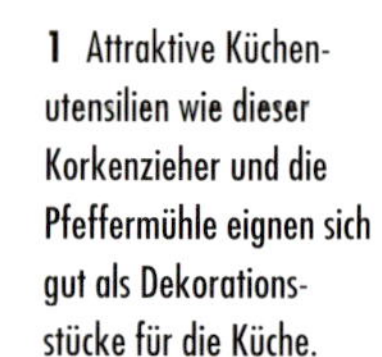

Ob Sie sich in einer Küche voller liebenswerter Sammelobjekte wohl fühlen oder nur mit völlig aufgeräumten Arbeitsplatten leben können – eine Renovierung ist immer ein guter Anlass, um Küchenzubehör und Utensilien zu sichten, neu zu sortieren und interessanten Stücken eventuell einen Ehrenplatz einzuräumen. Entscheiden Sie zuerst, wie Ihre Küche nach der Umgestaltung aussehen und funktionieren soll. Modern und sachlich, oder lieber traditionell und wohnlich? Dann wählen Sie die Stücke aus, die diesen Stil am besten ausdrücken und überlegen, wo sie am besten zur Geltung kommen.

Die moderne Küche

In moderne Küchen passen vor allem Stücke in schlichten, markanten Formen mit wenig oder gar keinen Mustern. Für Lebendigkeit sorgen Oberflächen und Farben. Als zweckmäßige Materialien bieten sich Edelstahl, satiniertes Glas und Naturholz an. Am interessantesten sind helle, lebhafte Farbtöne – z. B. Küchenutensilien und Geschirr in knalligem, fröhlichen Zitronengelb. Edelstahlgerätschaften und -töpfe bleiben lange ansehnlich und dürfen durchaus sichtbar aufgestellt werden. Auch offene Hängekörbe können dekorativ wirken – aber nur, wenn das Obst und Gemüse, das dort aufbewahrt wird, frisch und knackig ist.

High-Tech-Wasserkessel, Toaster, Küchenmaschinen und Salz- und Pfeffermühlen, die auf der Arbeitsplatte stehen, sind ebenso praktisch wie dekorativ. Chrom und Edelstahl reflektieren das Licht und sehen edel aus. Alles, was nicht makellos blitzt, sollte aber in Schränken verschwinden, um die Gesamtwirkung nicht zu stören.

Die traditionelle Küche

In traditionellen Küchen findet man allerlei Gegenstände, die mit der Zeit angesammelt oder von Generation zu Generation weitergegeben wurden. Durch bunte Mischung von Farben und Mustern entsteht eine zwanglose Gemütlichkeit. Versuchen Sie, Dekoratives mit Praktischem zu verbinden. Moderne Geräte passen schlecht ins Bild, darum sollten Toaster, Mixer und Wasserkessel besser in einer Gerätegarage verschwinden, wo sie griffbereit sind, aber nicht ins Auge fallen. Wenn alles sauber ist, können Holzmöbel mit Gebrauchsspuren durchaus reizvoll und behaglich wirken.

1 Attraktive Küchenutensilien wie dieser Korkenzieher und die Pfeffermühle eignen sich gut als Dekorationsstücke für die Küche.

2 Auf dem Absatz, den dieser Spritzschutz zur Wand hin bildet, haben allerlei praktische wie interessant aussehende Küchenutensilien Platz. Darüber sind – zugleich dekorativ und griffbereit – diverse Gerätschaften an einer Stange mit Haken aufgehängt.

3 Auf diesem Wandbord türmen sich originelle Töpfe. Darunter sind mit Haken diverse Küchenutensilien im Gitter eingehängt.

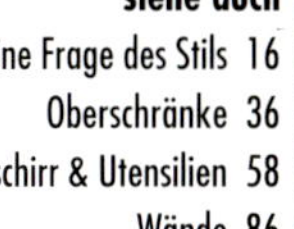

4 Funktionell und Platz sparend ist dieses Schienensystem aus Edelstahl, das zur Unterbringung verschiedenster Kleinigkeiten dient. Nach Wunsch kann es mit zusätzlichen Hänge-Elementen erweitert werden.

5 Eine Aluminiumplatte mit eingeschlagenen Löchern fungiert als Wandhalterung für eingehängte Küchenutensilien.

6 Hängegitter nutzen den Raum über den Arbeitsflächen, außerdem sieht eine solche Sammlung von Küchengeräten dekorativ aus.

7 Selbst einfache Kleiderstangen aus Edelstahl, Chrom, Messing eignen sich zum Aufhängen von Küchenwerkzeugen. Sie sind in Baumärkten preiswert zu erstehen und passen zu fast allen Oberflächen.

8 Auch Obst und Gemüse in leuchtenden Farben wirkt dekorativ. Der Rollwagen mit den Gitterkörben lässt sich bequem verschieben, und das Gemüse ist hier gut belüftet aufbewahrt.

9 Dieses fahrbare Flaschenregal sieht leicht aus und nimmt wenig Platz ein. Außerdem sind in den offenen Fächern die Etiketten gut zu lesen.

10 Die traditionellen Shaker-Farben sind gedämpft, doch eine Hakenleiste im Shaker-Stil kann auch fröhlich bunt gestrichen oder mit speziellen Effekten dekoriert werden.

11 Mit einem Wandbord wird auch der Raum über Kopfhöhe zweckmäßig genutzt. Hier lässt sich allerlei Zubehör griffbereit verstauen. Ein Gitter hat den Vorteil, dass man von unten den Inhalt erkennen kann.

PROFI-TIPPS

Ein Arrangement aus blütenweißem Geschirr oder funkelnden Gläsern ist ein zweckmäßiger Blickfang für die Küche.

Antike Gefäße oder Töpfe mit häufig benutzten Küchenutensilien passen gut in eine traditionelle Küche.

Eine Farbkombination aus drei oder vier leuchtenden Zitrustönen sieht fröhlich und modern aus.

Karo- und zarte Blumenmuster geben einen ländlichen Charme.

Alte Kuchenformen hängt man am besten an einem Gitter auf.

Bezugsquellen

Dieses Verzeichnis von Herstellern und Händlern soll Ihnen bei der Einrichtung Ihrer Küche eine Hilfestellung sein. In der Regel führen jedoch die Fachhändler vor Ort die wichtigsten Markenprodukte.

Geräte

AEG

Deutschland:
Hausgeräte GmbH
Muggenhofer Str. 135
D-90429 Nürnberg
www.aeghausgeraete.de
Österreich:
Electrolux Hausgeräte GmbH
Customer Services
Herziggasse 9
A-1230 Wien
Tel.: ++43/1/86 64 33 33
Fax: ++43/1/86 64 33 00
Schweiz:
A + T Hausgeräte AG
AEG Kundendienst
Badenerstr. 585
CH-8048 Zürich
Tel.: ++41/1/4 05 85 00
Fax: ++41/1/4 05 87 00
Umweltfreundliche Herde, Abzugshauben, Kochfelder, Kühlschränke, Gefriergeräte, Spülmaschinen, Waschmaschinen und Wäschetrockner

Aga-Herde

deutscher Generalimporteur:
Ralf Krampen
Wilhelm Krampen & Sohn
Hohenzollernstr. 124
56068 Koblenz
Tel.: 02 61/3 18 88
Außergewöhnliche Herde in vielen Farben. In Deutschland nur ein beschränktes Angebot, weil die Bestimmungen die meisten Aga-Herde nicht zulassen.
siehe Seite 73 (6)

Bauknecht Hausgeräte

Am Wallgraben
70565 Stuttgart
Tel.: 07 11/78 86-0
Fax: 07 11/7 88 63 60

Bisque

15 Kingsmead Square
Bath BA1 2AE
Großbritannien
Tel.: ++44/12 25/46 92 44
Farbenfrohe, moderne Heizkörper
siehe Seite 34 (2)

Blanco

Deutschland:
Blanco GmbH & Co. KG
Flehinger Str. 59
75038 Oberderdingen
Tel.: 0 70 45/44-0
Fax: 0 70 45/44-2 99
Schweiz:
Feldstr. 25
CH-4663 Aarburg AG
Tel.: ++41/6 27/87 20 80
Fax: ++41/6 27/87 20 88
Einbauherde, Kochfelder, Abzugshauben, Kühlschränke und Gefriergeräte, Edelstahl-Spülbecken mit Zubehör
siehe Seiten 17, 19, 21, 23, 25, 27, 29, 31

Bosch GmbH

Postfach 10 60 50
70049 Stuttgart
Tel.: 07 11/8 11-0
Einbau- und freistehende Spülmaschinen, Waschmaschinen, Wäschetrockner, Herde, Kochfelder, Abzugshauben, Kühlschränke und Gefriergeräte
siehe Seiten 74 (2), 80 (1, 2), 84 (2), 90 (3), 103 (4)

Fourneaux de France

Unit 30, Albion Close
Newtown Business Park
Poole BH12 3 LL
Tel.: ++44/12 02/73 30 11
siehe Seiten 6 (1), 69, 70 (1)

Gaggenau

Eisenwerk 11
76568 Gaggenau
Tel.: 0 72 25/96 70
Fax: 0 72 25/96 71 90
http://www.gaggenau.com
siehe Seite 71 (7)

General Electric Appliances

Herbert Oetjen GmbH + Co.KG
Julius-Bamberger-Str.1
28279 Bremen
und
Wolfratshausener Str. 150
82049 Pullach b. München
Einbauöfen und Kühlgeräte
siehe Seiten 64 (3), 72 (4), 75 (13), 77 (4, 8), 82 (4)

Imperial

Postfach 1929
32255 Bünde
Tel.: 0 52 23/48 10
Fax: 0 52 23/48 11 12
http://www.imperial.de
siehe Seiten 73 (5), 75 (4)

Küppersbusch

Postfach 100 132
45801 Gelsenkirchen
Tel.: 02 09/40 10
Fax: 02 09/40 13 03

Merloni

Länderweg 19
60559 Frankfurt
Tel.: 0 69/6 05 00 50
siehe Seiten 72 (1), 75 (11, 12), 81 (2)

Miele

Deutschland:
Miele & Cie. GmbH & Co.
Carl-Miele-Str. 29
33335 Gütersloh
Tel.: 0 52 41/89-0
Fax: 0 52 41/89-20 90
Österreich:
Miele Gesellschaft mbH
Mielestr. 1
A-5071 Wals bei Salzburg
Tel.: ++43/(0)6 62/85 84-0
Fax: ++43/(0)6 62/85 84-2 19
Schweiz:
Miele AG
Limmatstr. 4
CH-8957 Spreitenbach
Tel.: ++41/(0)56/41 72-0 00
Fax: ++41/(0)56/41 72-4 59
Herde, Küchenfelder, Backöfen, Spülmaschinen, Abzugshauben Waschmaschinen und Wäschetrockner
siehe Seiten 75 (6, 7, 8, 9, 10), 80 (4)

Neff VertriebsGmbH

Postfach 100250
80076 München
Tel.: 0 89/45 90 05
Fax: 0 89/45 90 27 00
http://www.neff-online.de
siehe Seiten 65 (5), 68 (1), 77 (5), 87 (7), 94 (2)

Seppelfricke

Am Stadthafen 16
45881 Gelsenkirchen
Tel.: 02 09/94 00-0
Fax: 02 09/94 00-4 90

Siemens

Deutschland:
Siemens AG
Wittelsbacherstr. 3
80312 München
Österreich:
Siemens AG Österreich
Siemensstr. 88-92
A-1210 Wien
Schweiz:
Siemens Schweiz AG
Freilagerstr. 28-40
CH-8047 Zürich
Formschöne Kochgeräte, Kochfelder und Kühlschränke
siehe Seite 70 (3)

SMEG (UK) Ltd.

Corinthian Court
80 Milton Park
Abingdon OX14 4RY
Großbritannien
Tel: ++44/12 35/86 10 90
Italienische Koch- und Spüleinbauten
siehe Seiten 73 (8), 77 (3), 79 (4)

Sub-zero

4717 Hammersley Road
Madison
Wisconson 53711
U.S.A.
Tel: ++1/8 00/5 32/78 20
siehe Seiten 38 (2), 55 (6), 56 (3), 77 (7), 79 (7)

Trembath Distributors

Felstead Road
Longmead Industrial Estate
Epsom KT19 9XS
Großbritannien
Tel: ++44/13 72/74 57 45
siehe Seiten 65 (6), 75 (5)

Viking

Bradshaw Appliances
28 Hither Green
Clevedon BS21 6XU
Großbritannien
Tel.: ++44/12 75/87 00 29
Professionelle Herde, Kochfelder und Kühlschränke
siehe Seiten 72 (2), 73 (7), 76 (1), 77 (6), 80 (3)

Whirlpool

Postfach 800343
70503 Stuttgart
Tel.: 07 11/78 86-0
Fax: 07 11/78 86-122
siehe Seite 81 (1, 4)

Zanussi Ltd.

Rennbahnstr. 72-74
60528 Frankfurt
Tel.: 0 69/6 78 07-0
Fax: 0 69/6 78 07384
siehe Seite 76 (2)

Kücheneinrichtung/ Einbauküchen

allmilmö

Postfach 1180 SW
97470 Zeil am Main
Fax: 0 95 24/99 25
http://www.allmilmö.de

Alno

Deutschland:
Alno AG
Heiligenberger Str. 47
88629 Pfullendorf
Tel.: 0 75 52/21-0
Fax: 0 75 52/21 31 20
http://www.alno.de
Österreich:
Alno Austria
Eitelbergerstr. 24
A-1130 Wien
Schweiz:
Alno Schweiz AG
Hardhofstr. 15
CH-8424 Embrach
Tel.: ++41/1/8 76 05 55
Fax: ++41/1/8 76 05 45

Alternative Plans

9 Hester Road
London SW11 4AN
Großbritannien
Tel: ++44/171/2 28 64 60
Vertrieb von modernen italienischen Küchen
siehe Seiten 36 (4), 45 (5), 46 (1), 47 (5), 49 (5), 54 (1), 59 (4), 67 (6), 87 (8)

Arc Linea – tecnologia creativa

Arredamenti spa
Viale Pasubio, 50
I-36030 Caldogno
Italien
Tel.: ++39/4 44/39 41 00
Fax: ++39/4 44/39 42 62
Desa-Agentur:
Ernst-Abbe-Str. 11
56070 Koblenz
Tel.: 02 61/88 42 80
Fax: 02 61/80 57 93
Italienisches Küchendesign
siehe Seiten 52 (4), 62 (2), 63 (4), 86 (3, 4)

Bulthaup GmbH & Co.

Werkstr. 6
84153 Aich
Tel.: 0 87 41/8 00
Fax: 0 87 41/8 03 09
http://www.bulthaup.de

Moderne Holz-, Edelstahl- und Glas-Kücheneinrichtungen
siehe Seiten 2, 6 (2, 3), 7 (6), 16 (1), 33, 36 (3, 5), 37 (7), 38 (1), 39 (6, 7, 11), 41 (4), 46 (2), 48 (2), 51 (7), 52 (3), 53, 54 (3), 55 (4), 56 (1), 58 (3), 60 (2), 61 (3), 62 (1), 70 (2), 75 (3), 79 (6, 8), 82 (1, 5), 83, 86 (2), 87 (5), 89 (4), 94 (1)

Camargue plc

Townsend Industrial Estate
Houghton Regis
Dunstable LU5 5BN
Großbritannien
Tel: ++44/15 82/69 91 22
Küchen nach Maß
siehe Seiten 17, 19, 21, 23, 25, 27, 29, 31

Chalon UK Ltd.

The Plaza
535 Kings Road
London SW10 0SZ
Großbritannien
Tel: ++44/171/3 51 00 08
Traditionelle Küchen aus Naturholz oder mit Bemalung
siehe Seiten 41 (3), 65 (4), 67 (4), 82 (2), 85 (7), 88 (2), 96 (2)

The Conran Shop

Große Elbstr. 68
22767 Hamburg
Tel: 0 40/30 62 13 20
siehe Seiten 98 (1), 104 (1)

Crabtree Kitchens

Herbert House
Lower Station Approach Road
Temple Meads
Bristol BS1 6QS
Großbritannien
Tel.: ++44/1 17/9 29 22 93
Maßangefertigte Kücheneinrichtungen aus Holz
siehe Seiten 39 (9), 44 (1, 2), 45 (6), 49 (4), 55 (5), 56 (2), 58 (1), 64 (2), 78 (1), 85 (6), 87 (9), 88 (1)

Dross & Schaffer Küchen

Finninger Str. 60
89231 Neu Ulm
Tel.: 07 31/9 72 38 20
Fax: 07 31/9 72 38 23

Fulham Kitchens

19 Carnwath Road
London SW6 3HR
Großbritannien
Tel: ++44/171/7 36 64 58
Moderne und traditionelle Küchen
siehe Seiten 43 (4), 50 (2), 60 (1), 62 (3), 66 (2), 92 (1), 93 (6), 101 (7)

Keith Gray & Co

Great Priory Farm
Panfield
Braintree CM7 5BQ
Großbritannien
Tel: ++44/13 76/32 45 90
Maßanfertigung von Möbeln
siehe Seiten 16 (2), 37 (8), 39 (5), 45 (6), 50 (1), 51 (5), 54 (2), 57 (6), 78 (2), 93 (3, 5), 96 (3), 100 (1)

Habitat

Neuer Wall 19
20354 Hamburg
Tel.: 0 40/35 76 58-0
Fax: 0 40/35 76 58-15
oder
Calwer Str. 33
70173 Stuttgart
Tel.: 07 11/2 22 79-0
Fax: 07 11/2 22 79-15
und andere Niederlassungen
Frei stehende Küchenelemente und -blöcke

HAKA Küche

Haidmannweg
A-4061 Pasching
Österreich
Fax: ++43/(0)72 29/77 55 30
Herausgeber eines Küchenjournals, kreative Planungsideen und praktische Details rund ums Kochen

IKEA

Deutschland:
Am Wandersmann 2-4
65719 Hofheim
Einrichtungshäuser u. a. in Berlin, Bielefeld, Braunschweig, Eching b. München, Halle, Hamburg etc.
www.ikea.de

Österreich:
Graz-Tel.: ++43/(0)3 16/2 93 10 00
Haid-Tel.: ++43/(0)72 29/8 41-0
Vösendorf-Tel.: ++43/(01)/69 00 00
Wien Nord-Tel.: ++43/(01)/7 32 22-0
Zusammenbau-Küchensysteme und frei stehende Küchenelemente

Leicht Küchen AG
Postfach 60
73548 Waldstetten
Tel.: 0 71 71/4 02-0
Fax: 0 71 71/4 02-3 00
http://www.leicht.de

John Lewis of Hungerford
Park Street
Hungerford RG17 0EA
Großbritannien
Tel: ++44/14 88/68 20 66
Küchen im Farmhaus-Stil
siehe Seite 101 (4)

Mowlem & Co.
3a Clayton Road
Jesmond
Newcastle upon Tyne NE2 4RP
Großbritannien
Tel: ++44/19 12/81 34 43
Handgefertigte Küchen für besondere Bedürfnisse
siehe Seiten 47 (4), 48 (1), 49 (6)

Newcastle Furniture Co
128 Walham Green Court
Moore Park Road
London SW6 4DG
Großbritannien
Tel: ++44/1 71/3 71 00 52
Holzküchen im Shaker-Stil
siehe Seiten 51 (7), 99 (5)

Plain English Design
The Tannery
Combs
Stowmarket IP14 2EN
Großbritannien
Tel: ++44/14 49/77 40 28
siehe Seiten 15, 18, 20, 22, 24, 26, 28, 30, 32, 96 (4)

Plain & Simple
332 Deansgate
Manchester M3 4LY
Großbritannien
Tel: ++44/16 18/39 89 83
Moderne und traditionelle Küchen
siehe Seiten 36 (2), 37 (9), 51 (4), 65 (7), 87 (6), 93 (8), 95 (4 ,7), 103 (6)

Poggenpohl Möbelwerke GmbH
Poggenpohlstr. 1
D-32051 Herford
Tel.: 0 52 21/38 10
Fax: 0 52 21/38 13 21
http://www.poggenpohl.de
Moderne Einbauküchen
siehe Seiten 16 (3), 74 (1)

Rational Einbauküchen GmbH
Postfach 1120
49310 Melle
Tel.: 0 52 26/58-0
Fax: 0 52 26/58-2 12
http://www.rational.de

Romsey Cabinetmakers
Unit 4
Greatbridge Business Park
Budds Lane
Romsey SO51 OHA
Großbritannien
Tel: ++44/17 94/52 26 26
Küchenmöbel nach Maß
siehe Seite 67 (7)

Roundhouse Design
25 Chalk Farm Road
London NW1 8AG
Großbritannien
Tel: ++44/1 71/4 28 99 55
siehe Seiten 35 (4), 57 (4), 71 (4)

The Shaker Shop
72-73 Marylebone High Street
London W1M 3AR
Großbritannien
Tel: ++44/1 71/7 24 76 72
Küchen und Accessoires im Shaker-Stil
siehe Seiten 15, 18, 20, 22, 24, 26, 28, 30, 32, 100 (2)

SieMatic Möbelwerke GmbH & Co.
Postfach 1555
32582 Löhne
Tel.: 0 57 32/67-0
Fax: 0 57 32/67-2 97
http://www.siematic.de
siehe Seiten 37 (6, 10), 38 (4), 39 (10), 57 (5), 58 (2), 67 (5), 68 (2), 89 (6), 98 (2)

Smallbone of Devizes
The Hopton Workshop
Devizes SN1O 2EU
Großbritannien
Tel: ++44/1 71/5 89 59 98
siehe Seiten 40 (1), 57 (4), 96 (1)

Sofiseb UK Ltd.
142-144 High Street Orpington
Orpington BR6 OJS
Großbritannien
Tel: ++44/16 89/87 85 13
Französische Küchenmöbel
siehe Seite 38 (3)

Team 7 – Natürlich Wohnen GmbH
Deutschland:
Postfach 7329
D-94054 Pocking
Wohntelefon: 0 77 52/97 71 46
Österreich:
Braunauer Str. 26
A-4910 Ried/Innkreis
Schweiz:
Mugerenmatt 33
CH-6330 Cham
Baukastensystem-Küchen aus Holz

Tielsa Küchen GmbH
Industriestr.14-18
32108 Bad Salzuflen

Viaduct Furniture Ltd.
1-10 Summers Street
London EC1R 5BD
Großbritannien
Tel: ++44/1 71/2 78 84 56
Italienische, französische und spanische Top-Designer
siehe Seiten 34 (1), 94 (3)

Woodstock Furniture Ltd.
4 William Street
Knightsbridge
London SW1X 9HL
Großbritannien
Tel: ++44/1 71/2 45 99 89
Fein gearbeitete Holzküchen
siehe Seiten 39 (8), 52 (2)

Zeyko Küchen
Simmozheimer Straße
75382 Althengstett
http://www.zeyko.de

Aufbewahrungs-systeme

WMF
Deutschland:
Württembergische Metallwarenfabrik AG
Eberhardstr.
73312 Geislingen/Steige
Tel.: 0 73 31/2 51
Fax: 0 73 31/4 53 87
Österreich:
MCT Handelsgesellschaft mbH
Willroiderstr. 5
A-9500 Villach
Tel.: ++43/(0)42/2 61 47-0
Fax: ++43/(0)42/2 61 47-75
Schweiz:
WMF AG
Bernstr. 82
CH-8953 Dietikon
Tel.: ++41/(0)17/40 59 59
Fax: ++41/(0)17/40 59 56
Hänge-Regalsysteme, Küchengeräte, Messerblöcke etc.

Bodenbeläge

The Amtico Company
Kingfield Road
Coventry CV6 5PL
Großbritannien
Tel: ++44/12 03/86 14 00
siehe Seiten 43 (5), 91 (5)

Dalsouple
PO Box 140
Bridgewater TA5 1HT
Großbritannien
Tel: ++44/19 84/66 72 33
siehe Seiten 23, 25, 29, 90 (2)

Jaeger & Stipak
Ulmer Str. 30/1
73728 Esslingen
Tel.: 07 11/3 16 44 68
Fax: 07 11/3 16 44 69

Junckers Parkett GmbH
Heinrichstr. 169
D-40239 Düsseldorf
Qualitätvolle Holzböden
siehe Seiten 84 (3), 91 (6), 92 (2)

Paris Ceramics
583 Kings Road
London SW6 2EH
Großbritannien
Tel: ++44/1 71/3 71 77 78
Mosaik- und Steinböden
siehe Seite 90 (1)

Beleuchtung

Artemide GmbH
Itterpark 5
40725 Hilden
Tel.: 0 21 03/20 00-0
Fax: 0 21 03/20 00-11
Arbeitslicht und atmosphärische Raumbeleuchtung

John Cullen Lighting
216 Fulham Road
London SW6 9NT
Tel: ++44/1 71/3 71 90 00
Spezialist für Küchenbeleuchtung
siehe Seiten 88 (3), 89 (5)

Spülbecken & Wasserhähne

Franke
Deutschland:
Franke GmbH
Mumpferfaehrstr. 70
79706 Bad Säckingen
Tel.: 0 77 61/5 24 00
Fax: 0 77 61/5 24 06
Franke Österreich:
Oberer Achdamm 52
A-6971 Hard
Tel.: ++43/(0)55 74/6 73 50
Fax: ++43/(0)55 74/6 24 11
Franke Schweiz:
Franke Holding AG
CH-4663 Aarburg
Edelstahl und farbige Spülbecken und Wasserhähne

Grohe
Deutschland:
Grohe AG
Postfach 1361
58653 Hemer
Tel.: 0 23 72/9 30
Fax: 0 23 72/9 31 32 22
Grohe Österreich:
Beichlgasse 6
A-1100 Wien
Tel.: ++43/(1)/68 90 60
Fax: ++43/(1)/68 98 47

Kohler American Sinks
Elon Limited
66 Fulham Road
London SW3 6HH
Großbritannien
Tel: ++44/1 81/9 32 30 63
siehe Seite 84 (1)

Leisure
Meadow Lane
Long Eaton
Nottingham NG10 2AT
Großbritannien
Tel: ++44/1 15/9 46 40 00
siehe Seiten 78 (3), 102 (1)

Dekorationen & Wände

Corian
DuPont de Nemours GmbH
Du-Pont-Str. 1
61352 Bad Homburg
Tel: 01 30/81 00 18
Solides Oberflächenmaterial
siehe Seite 93 (4)

Crown Berger Europe Ltd
PO Box 37
Crown House
Darwen BB3 OBG
Großbritannien
Tel: ++44/12 54/7049 51
Farbberatung möglich
siehe Seiten 85 (4, 5), 95 (5)

Designers Guild
Dreimühlenstr. 38a
D-80469 München
Tel: 0 89/23 116 20
Tapeten, Farben und Stoffe
siehe Seiten 99 (4), 102 (2), 103 (3)

Dulux Farben
Deutschland:
ICI Lacke Farben GmbH
Postfach 940
40709 Hilden
Tel.: 0 21 03/7 11
Fachberatung: 01 80/5 24 00 42
Fax: 01 80/5 24 00 22
Österreich:
Dulux Farben
Schwarzenbergerplatz 7
A-1037 Wien
Tel: ++43/(0)6 60/82 64
Auch Farbberatung möglich
siehe Seiten 36 (1), 45 (4)

GEC Anderson Ltd
89 Hercomer Road
Bushy WD2 3LS
Großbritannien
Tel: ++44/1 81/9 50 18 26
Edelstahloberflächen auf Bestellung
siehe Seite 93 (7)

Nützliche Adressen

Arbeitsgemeinschaft Die moderne Küche e. V.
AMK
Potsfach 240161
66171 Mannheim
Tel.: 06 21/8 50 61 00
Fax: 06 21/8 50 61 01
http://www.amk.de
Ratgeber zur Küchenplanung wird auf Wunsch verschickt.

Bund Deutscher Architekten (BDA)
Koepenickerstr. 48/49
D-10179 Berlin
Tel.: 0 30/27 87 99-0
Fax: 0 30/27 87 99-15

Der Kreis
Einkaufsgesellschaft für Küche & Wohnen mbH & Co. KG
Mollenbachstr. 2
71229 Leonberg
http://www.derkreis.de

VKG
Vereinigter Küchenfachhandel GmbH & Co. KG
Deutschland:
Postfach 1850
75118 Pforzheim
Tel.: 0 72 31/9 15-0
Fax: 0 72 31/9 15-1 60
Österreich:
Grazer Str. 6
A-4820 Bad Ischl
Tel.: ++43/61 32/2 85 30
Fax: ++43/61 32/2 85 50
Schweiz:
Langenthalstr. 34
CH-4912 Aarwangen
Tel: ++41/62/9 19 20 06
Fax:++41/62/9 19 20 09
http://www.vkg.de
Herausgeber des VKG-Küchenmagazins, Infos und Ideen zum Thema Küche, Alles über Architektur, Wohnen und Lebensstil. Material wird auf Wunsch verschickt.

Register

Bildnachweis/Dank

Der Verlag dankt folgenden Fotografen und Organisationen für die freundliche Erlaubnis zur Veröffentlichung der Abbildungen in diesem Buch. Die zugehörigen Seitenzahlen sind jeweils fett gedruckt, Fotograf oder Organisation werden nachfolgend genannt.

Copyright-Inhaber werden benannt, soweit sie bekannt sind. Wir haben uns bemüht, alle Copyright-Inhaber ausfindig zu machen. Für eventuelle Versäumnisse bei der Nennung entschuldigen wir uns und sind für Hinweise zur Ergänzung späterer Auflagen dankbar..

1 Waring
2 Bulthaup
4 Foto von Colin Walton.

Einführung

6–7 1 Fourneaux de France, 2, 3, 6 Bulthaup, 4 Plain & Simple, 5 Fulham Kitchens.

Küchenstile

15 Plain English Design Ltd, Foto von Matthew Ward.
16 1 Bulthaup, 2 Keith Gray & Co, 3 Poggenpohl.
18, 20, 22, 24, 26, 28, 30, 32 Plain English Design Ltd, Foto von Matthew Ward.
17, 19, 21, 23, 25, 27, 29, 31 Camargue plc und Blanco Ltd, Foto von Matthew Ward.

Küchenplanung

33 Bulthaup.
34–35 1 Fucini by Miki Astori at Viaduct, 2 Bisque Ltd, 3 Kadfloor flooring from Kiani, 4 Roundhouse Design.
36–37 1 Dulux, 2 Plain & Simple, 3, 5, 7 Bulthaup, 4 Boffi Kitchens, 6, 10 SieMatic, 8 Keith Gray & Co, 9 Plain & Simple.
38–39 1, 6, 7, 11 Bulthaup, 2 Sub-Zero, 3 Sofiseb UK, 4, 10 SieMatic, 5 Keith Gray & Co, 8 Woodstock Furniture, 9 Crabtree Kitchens.

40–41 1 Smallbone of Devizes, 2 Foto von James Merrell, 3 Chalon UK Ltd, 4 Bulthaup.
42–43 1, 2 Fotos von Simon Upton, 4 Fulham Kitchens, 5 The Amtico Company Ltd, 6 Foto von Stephen Ward.
44–45 1, 2, 6 Crabtree Kitchens, 4 Dulux, 5 Boffi Kitchens.
46–47 1, 5 Boffi Kitchens, 2 Bulthaup, 4 Mowlem & Co.
48–49 1, 6 Mowlem & Co, 2 Bulthaup, 4 Crabtree Kitchens, 5 Boffi Kitchens.
50–51 1, 5 Keith Gray & Co, 2 Fulham Kitchens, 4 Plain & Simple, 6 Mitchell Beazley, 7 Bulthaup.
52 1 Foto von Simon Upton, 2 Woodstock Furniture, 3 Bulthaup, 4 Arc Linea.
53 Bulthaup.

Funktionen

54–55 1 Boffi Kitchens, 2 Keith Gray & Co, 3, 4 Bulthaup, 5 Crabtree Kitchens, 6 Sub-Zero.
56–57 1 Bulthaup, 2 Crabtree Kitchens, 3 Sub-Zero, 4 Roundhouse Design, 5 SieMatic, 6 Keith Gray & Co.
58–59 1 Crabtree Kitchens, 2 SieMatic, 3 Bulthaup, 4 Boffi Kitchens.
60–61 1 Fulham Kitchens, 2, 3 Bulthaup.
62–63 1 Bulthaup, 2, 4 Arc Linea, 3 Fulham Kitchens.
64–65 1 Foto von Steve Tanner, 2 Crabtree Kitchens, 3 General Electric, 4 Chalon UK Ltd, 5 Nef, 6 Jenn-Air, 7 Plain & Simple.
66–67 1 Foto von Simon Upton, 2 Fulham Kitchens, 3 Mitchell Beazley, 4 Chalon UK Ltd, 5 SieMatic, 6 Boffi Kitchens, 7 Romsey Cabinetmakers.
68 1 Neff, 2 SieMatic.

Geräte

69 Fourneaux de France.
70–71 1 Fourneaux de France, 2 Bulthaup, 3 Siemens, 4 Roundhouse Design, 5 Divertimenti, 6 Kitchenmaid, 7 Gaggenau.
72–73 1 Ariston, 2 Viking, 3, 4 General Electric, 5 Imperial, 6 Aga, 7 Viking, 8 Smeg (UK) Ltd.
74–75 1 Poggenpohl, 2 Bosch, 3 Bulthaup, 4 Imperial, 5 Jenn-Air, 6, 7, 8, 9, 10 Miele, 11, 12, Ariston 13 General Electric.
76–77 1, 6 Viking, 2 Zanussi Ltd, 3 Smeg (UK) Ltd, 4, 8 General Electric, 5 Neff, 7 Sub-Zero.
78–79 1 Crabtree Kitchens, 2 Keith Gray & Co, 3 Leisure, 4 Smeg (UK) Ltd, 5 Aero, 6, 8 Bulthaup, 7 Sub-Zero.
80 1, 2 Bosch, 3 Viking, 4 Miele.
81 1, 4 Whirlpool, 2 Ariston, 3 Admiral.
82 1, 5 Bulthaup, 2 Chalon UK Ltd, 3 Authentics, 4 General Electric.

Oberflächen

83 Bulthaup.
84–85 1 Elon, 2 Bosch, 3 Junckers, 4, 5 Crown Berger Europe Ltd, 6 Crabtree Kitchens, 7 Chalon UK Ltd.
86–87 1 Foto von Simon Upton, 2, 5 Bulthaup, 3, 4 Arc Linea, 6 Plain & Simple, 7 Neff, 8 Boffi Kitchens, 9 Crabtree Kitchens.
88–89 1 Crabtree Kitchens, 2 Chalon UK Ltd, 3, 5 John Cullen Lighting, 4 Bulthaup, 6 SieMatic, 7 Design 4, 8 Uno Design System.
90–91 1 Paris Ceramics, 2 Dalsouple, Foto von Colin Walton, 3 Bosch, 4 Mitchell Beazley, 5 The Amtico Company Ltd, 6 Junckers, 7 Mitchell Beazley.
92–93 1, 6 Fulham Kitchens, 2 Junckers,

3, 5 Keith Gray & Co, 4 Corian®, 7 GEC Anderson, 8 Plain & Simple.
94–95 1 Bulthaup, 2 Neff, 3 Viaduct, 4, 7 Plain & Simple, 5 Crown Berger Europe Ltd, 6 Foto von Simon Upton.
96 1 Smallbone of Devizes, 2 Chalon UK Ltd, 3 Keith Gray & Co, 4 Plain English Design Ltd.

Schnelle Lösungen

97 Foto von Simon Upton.
98–99 1 The Conran Shop, 2 SieMatic, 3, 6 Fotos von James Merrell, 4 Designers Guild, 5 Newcastle Furniture Company.
100–101 1 Keith Gray & Co, 2 The Shaker Shop, 3, 5, 6 Fotos von Simon Upton, 4 John Lewis, 7 Fulham Kitchens, 8 Pinewood Designs, 9 Foto von James Merrell.
102–103 1 Leisure, 2, 3 Designers Guild, 4 Bosch, 5 Foto von Andrew Twort, 6 Plain & Simple.
104–105 1 The Conran Shop, 2, 3, 11 Fotos von Simon Upton, 4 The Holding Company, 5 Nazanin Kamali for Aero, 6, 7, 8, 9 Divertimenti, 10 Foto von Andrew Twort.

Illustrationen

Farbige Illustrationen von Richard Lee Schwarz-Weiß-Zeichnungen von Colin Walton

Danke …

Die Autorin dankt den zahlreichen Firmen, die Material für dieses Buch zur Verfügung gestellt haben. Dank auch an Jerry und Mergery, das amerikanische Recherche-Team, an Alex Myers für die Bildrecherche und an Matthew Ward für seine Fotos. An Walton und Pringle für Ihre Ideen und das fähige Lektorat, und schließlich an Nelson und Angela, die mich viele Stunden lang ungestört arbeiten ließen.

Der Dank des Verlages geht außerdem an Kate Fontana von Plain English Design Lt. und Russell Smith von Camargue plc für die Küchen, an Karmer Setbuilding für ihr Konstruktionsgeschick und an Matthew Ward für seine Fotos. An Blanco Loan, die Spülbecken und Wasserhähne zur Verfügung stellten. An Celia Warbrick für ihre Beratung. An Furniture 151 und The Shaker Shop für die Küchenaccessoires und an Dalsouple für die Gummi-Bodenbeläge.

100 cm Unterschrank	90 cm Unterschrank	80 cm Unterschrank	60 cm Unterschrank	60 cm Unterschrank	60 cm Unterschrank
100 cm Unterschrank	90 cm Unterschrank	80 cm Unterschrank	60 cm Unterschrank	60 cm Unterschrank	60 cm Unterschrank
100 cm Unterschrank	90 cm Unterschrank	80 cm Unterschrank	60 cm Unterschrank	60 cm Unterschrank	60 cm Unterschrank
100 cm Unterschrank	90 cm Unterschrank	80 cm Unterschrank	60 cm Unterschrank	60 cm Unterschrank	60 cm Unterschrank

50 cm Unterschrank — 40 cm Unterschrank — 30 cm Unterschrank — 30 cm Unterschrank — 20 cm Unterschrank

60 cm Oberschrank — 50 cm Oberschrank — 60 cm Eckschrank — 30 cm Eck-Element

50 cm Unterschrank — 40 cm Unterschrank — 30 cm Unterschrank — 30 cm Unterschrank — 20 cm Unterschrank

60 cm Oberschrank — 50 cm Oberschrank — 30 cm Eck-Element

60 cm Oberschrank — 50 cm Oberschrank — 60 cm Eckschrank — 30 cm Eck-Element

50 cm Unterschrank — 40 cm Unterschrank — 30 cm Unterschrank — 30 cm Unterschrank — 20 cm Unterschrank

40 cm Oberschrank — 30 cm Oberschrank — 20 cm Oberschrank — 30 cm Eck-Element

60 cm Eckschrank — 30 cm Eck-Oberschrank

40 cm Oberschrank — 30 cm Oberschrank — 20 cm Oberschrank — 60 cm Eckschrank — 30 cm Eck-Oberschrank

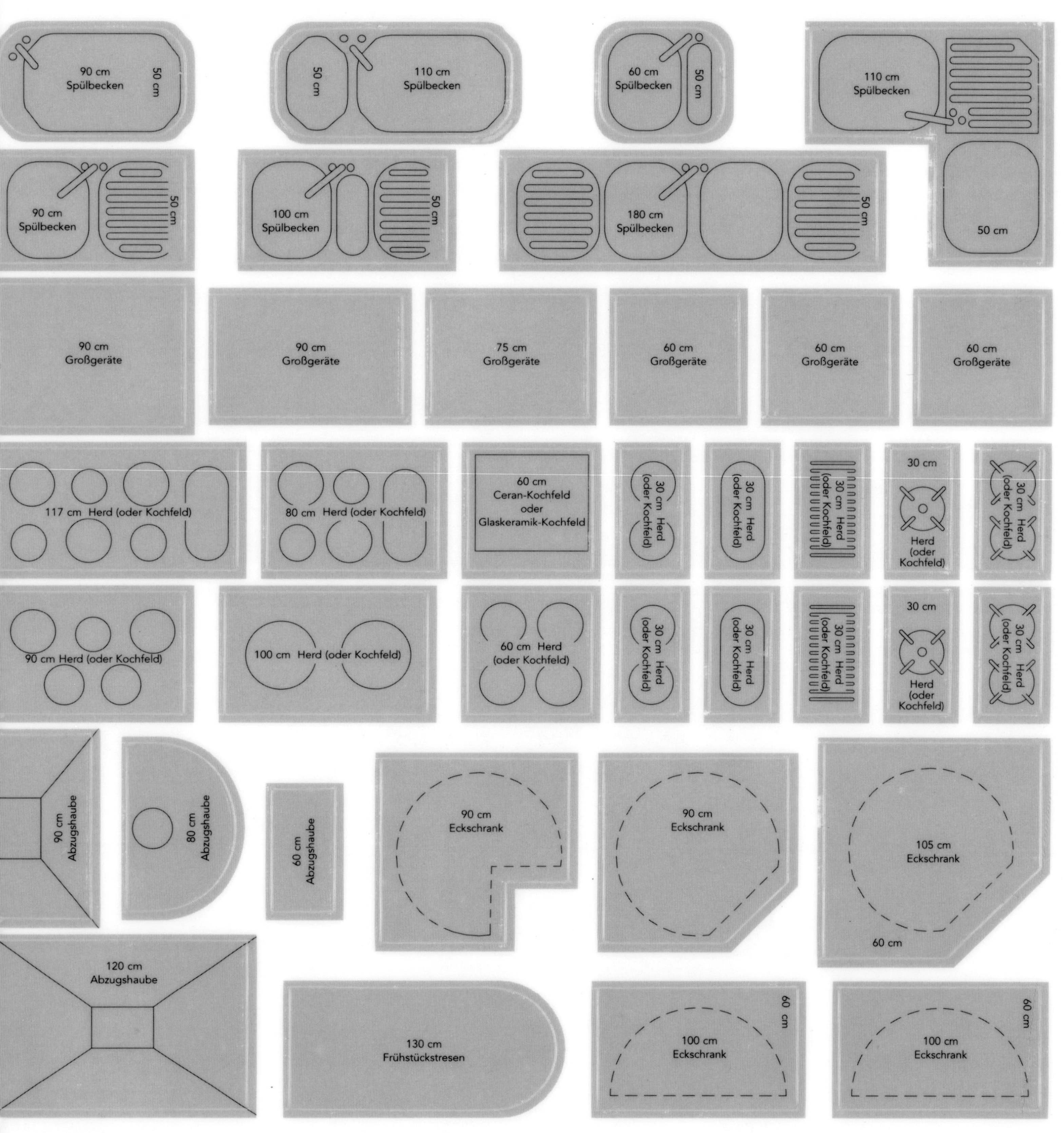

90 cm Spülbecken
50 cm
50 cm
110 cm Spülbecken
60 cm Spülbecken
50 cm
110 cm Spülbecken
90 cm Spülbecken
50 cm
100 cm Spülbecken
50 cm
180 cm Spülbecken
50 cm
50 cm
90 cm Großgeräte
90 cm Großgeräte
75 cm Großgeräte
60 cm Großgeräte
60 cm Großgeräte
60 cm Großgeräte
117 cm Herd (oder Kochfeld)
80 cm Herd (oder Kochfeld)
60 cm Ceran-Kochfeld oder Glaskeramik-Kochfeld
30 cm Herd (oder Kochfeld)
30 cm Herd (oder Kochfeld)
30 cm Herd (oder Kochfeld)
30 cm Herd (oder Kochfeld)
30 cm Herd (oder Kochfeld)
90 cm Herd (oder Kochfeld)
100 cm Herd (oder Kochfeld)
60 cm Herd (oder Kochfeld)
30 cm Herd (oder Kochfeld)
30 cm Herd (oder Kochfeld)
30 cm Herd (oder Kochfeld)
30 cm Herd (oder Kochfeld)
30 cm Herd (oder Kochfeld)
90 cm Abzugshaube
80 cm Abzugshaube
60 cm Abzugshaube
90 cm Eckschrank
90 cm Eckschrank
105 cm Eckschrank
60 cm
120 cm Abzugshaube
130 cm Frühstückstresen
100 cm Eckschrank
60 cm
100 cm Eckschrank
60 cm

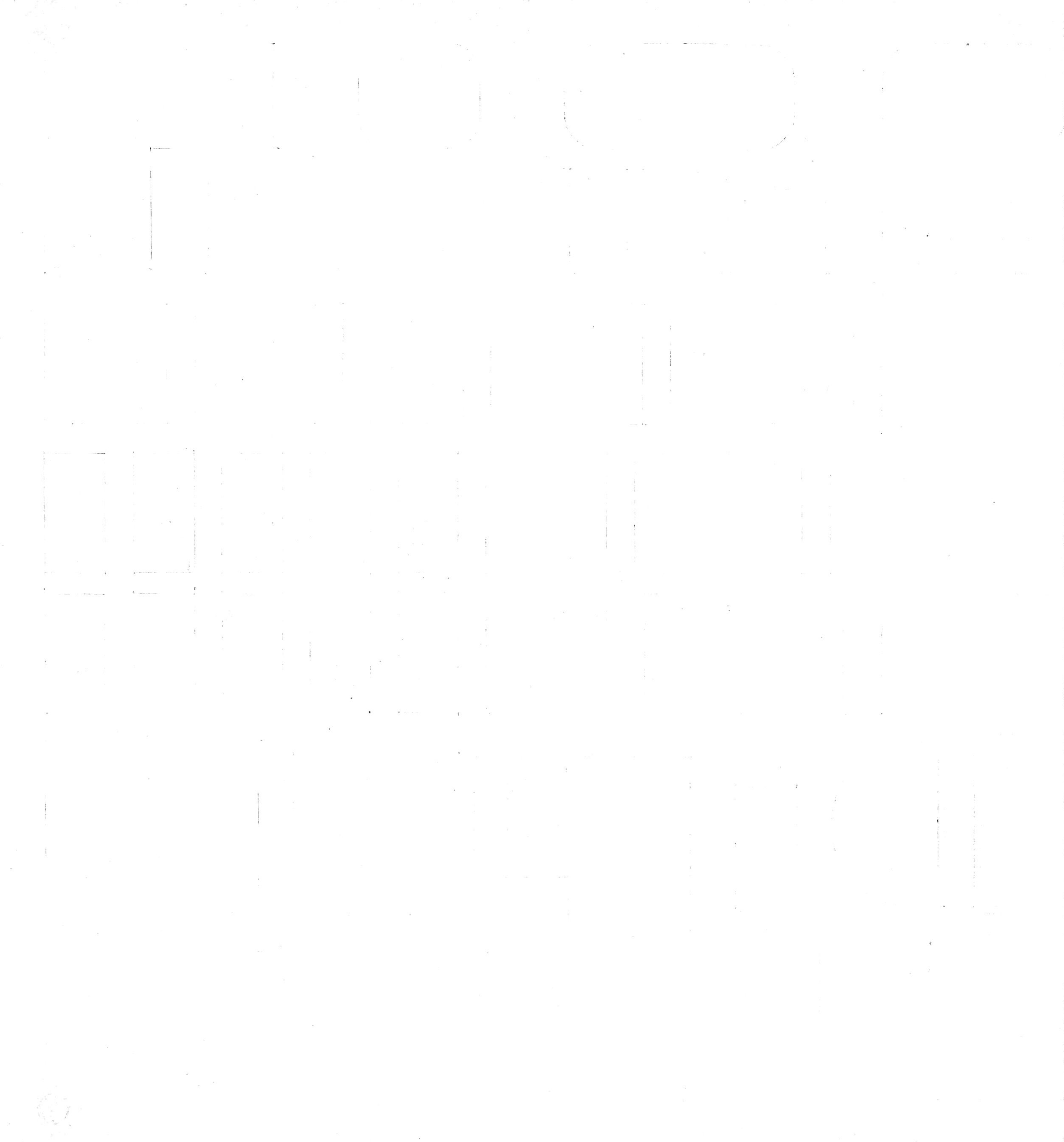